بسم الله الرحمن الرحيم

Tercüme

Alim Yücer

Muhlis Turan

Tashih

Polen Ajans

Sayfa Düzeni

Osman Arpaçukuru

Kapak Tasarımı

Polen Ajans

Baskı

Kilim Matbaacılık

İstanbul 2007

POLEN YAYINLARI

İrtibat ve Satış:

Soğanağa Camii Sok. Büyük Tulumba Çıkmazı No: 5/25

Telefon: (0 212) 516 42 44 / 638 69 19 Beyazıt / İSTANBUL

Online Satış:

www.polenkitap.com / www.karincakitap.net

Tevbe Etmek İstiyorum Ama Nasıl?

M. Salih el-Müneccid

POLEN

İÇİNDEKİLER

ÖNSÖZ

Hamd, Allah'a mahsustur. Günahları bağışlayan, tevbeyi kabul eden, azabı çetin, lütuf sahibi. O'ndan başka hiçbir ilah yoktur, dönüş ancak O'nadır. Salat ve selam Hakkı ve doğru yolu (sırat-ı müstakimi) gösteren, ona irşad eden (yönlendiren), insanlığın öğretmeni, Allah'ın Resûlü (s.a.v.)'e, âline, ashabına, ona tâbi olanlara, kıyamete kadar onu sevenlerin üzerine olsun.

İşler güçleşip kökleştikçe, damarları tıkanır, günahlar art arda sıralandığında geceleri uzayıp gider, müslüman günaha düşer ve Rabbiyle arasının açıldığını düşünür. Onu temizleyecek, önceki saflık ve nurunu geri verecek, mağfiret ve rıza örtüsüne bürüyecek olan tek şey tevbeye yönelmektir. Çünkü o, müslümanın yolunu aydınlatan, dengesizlikten koruyan bir nurdur. Ümitsizlik ve yeisten koruyan bir hidayettir. Dünya ve âhirette, saadet ve bütün hayırlar için coşan bir çağlayandır. İman hakikatinin ve İslâm yolunun birleştirici ismidir. Çünkü günah, yıkıcı sam yeli gibidir. Günah işlemek ise ihanet ve yıkılış yoludur. Dünya ve âhirette azaba düşmektir. Bu beşeri mahlûk, kötü nefsin bünyesi gereği meylettiği içgüdüsüyle bazen günah çukuruna düşebiliyor. Kanı ve etiyle köpürüp, uyarılıp şehvet alevinde hayvanî duygulara kendini kaptırabiliyor.

Tevbe, İslâm dininde ancak meşakkat ve yorgunluk sonucu ya da Allah'ın dışında birinin önünde itiraf edilmesi gereken ve ulaşılması güç olan engebeli bir yol değildir. Bilakis, tevbe kolay ve basittir. Kapısı her zaman açık, isteyen tevbe etmek ve temizlenmek için her an o kapıyı çalabilir. Hiç kimse onu Allahu Teâlâ'nın rahmetinden kovamaz. Haddi ne kadar aşmış olsa bile, Rabbiyle onun arasına kimse giremez. Allahu Teâlâ Zümer Sûresi âyet 53'te şöyle buyuruyor: *"Dedi ki; Ey nefisleri aleyhine haddi aşan kullarım! Allah'ın rahmetinden ümit kesmeyin! Çünkü Allah bütün günahları bağışlar. Şüphesiz ki O, bağışlayan ve esirgeyendir."*

Sırat-ı müstakime (doğru yola) dönmek isteyen önce tevbeye koşsun, kendisiyle tevbe arasına engel olacak gün gelmeden günahtan vazgeçsin. Terk ettiği amellerden dolayı üzülmeli, tahammülün kalmadığı zor durum, pişmanlığın fayda vermediği saat gelip çatmadan, hesap günü için canla başla iyi amellere sarılmalı, diliyle Allahu Teâlâ'ya tevbe etmeli, iman ve salih amelle tevbe hakikatinin gerçekleşmesi için kalbiyle azmetmeli. Umulur ki Allahu Teâlâ tökezlemesini azaltır, dönüşünü kabul eder ve günahını da affeder. İman ve amel-i salihle, hidayet yolunu tutsun ki, Allahu Teâlâ onu salih kullarıyla beraber kılsın. Şu âyet-i kerimenin mânâsını doğrulayıcı olarak "*Şu da muhakkak ki ben, tevbe eden, inanan ve yararlı iş yapan, sonra doğru yolda giden kimseyi bağışlarım.*"[1]

Ey Allah'ım, senden bizi tevbe etmeye ve sana dönüşe muvaffak etmeni, dualarımıza icabet kapılarını açmanı, affının serinliğini, mağfiretinin tatlılığını tattırmanı diliyoruz.

Ey merhametlilerin en merhametlisi...

Dr. Salih Ganim es-Sedlan

---

1 Taha, 82

TEVBENİN MÂNÂSI

Lügat mânâsı: "et-Tevbetü", kelime olarak Arapça'dır ve "te-ve-be" kökünden alınmıştır. "Te-ve-be", tek kelime olup "dönüş" mânâsına delalet eder. "Tâbe" ve "Enâbe" gibi "günahtan "günahtan dönmek" mânâsındadır.[2]

Tevbe ise; kalpten, ısrar düğümünü çözüp Allahu Teâlâ'ya dönmektir. Sonra da Rabbinin tüm haklarını yerine getirmektir.

et-Tevbetü ve et-Tevbe iki kelimenin de mânâsı aynıdır. Bu kelimelerden murad edilen: "Günahı en güzel şekilde terk etmek" ki bu da, özrünü beyan etmenin en açık ifade şeklidir.

İslâm hukukunda ise; Allah'tan korkarak, günahı terk etmek: Çirkinliğini hissetmek, günah olduğundan dolayı pişman olmak, günah işlemeye gücü yettiği halde ona dönmemeye azmetmek ve onu telafi etmek için yapabileceği kadar güzel -iyi-ameller işlemektir.

Tevbenin Hakikati

Tevbe: Gönülden hissederek yapılandan -meydana gelenden- pişman olmaktır. Ömrünün kalan kısmında Allahu Teâlâ'ya yönelmek, günahtan sakınmak, salih amelde bulunmak, tevbe-

---

2 Mu'cam Mekâyis Elluğa – İbni Faris – 1/357, 3. Baskı, 1402 sh. 1982 m. Mektebet-ül Hanecî, Kahire.

yi fiilî olarak gerçekleştirir. Günahtan sakınmak, terk etmeyi gerçekleştirdiği gibi; tevbe, var olma (varlık) eylemidir. Tevbe edenin Rabbine dönüşünü içerir. Allahu Teâlâ'nın emirlerini ısrarla eda etmeye tutunmaktır. Kişi, günahı mücerret olarak terk edip, Allahu Teâlâ'nın sevdiği amellere dönmemişse, tevbe etmiş sayılmaz. Ancak Allahu Teâlâ'ya yönelip döner, ısrar düğümünü çözüp tevbenin gerçek mânâsını diliyle söylemeden, kalbiyle kabul edip, Allahu Teâlâ'nın geniş olarak beyan ettiği; Cennet -ki itaat edenlere vaad edilmiş- ve Cehennemi -ki isyan edenlere vaad edilmiş- düşünerek, korku ve ümit kuvvet buluncaya kadar gayret sarf etmeli, Allahu Teâlâ'ya korku ve ümit arasında tevbesini kabul etmesi için dua etmelidir. Günahını, kusurunu yıkasın, hatasını gidersin. Böylece tevbeden elde edilmesi gerekeni, Allahu Teâlâ'nın kerih gördüğünden sevdiği ve razı olduğu amellere dönerek elde etmelidir. Öyle ki sütün memeye dönmediği gibi, günaha dönmeyecek şekilde tevbe etmelidir. Kalbiyle pişman olmalı, diliyle istiğfar etmeli ve bedenini o kötü fiillerden korumuş olmalıdır. Böylece Allahu Teâlâ'dan gelen nur ile sevabını O'ndan umarak ve azabından korkarak O'na itaat etmelidir.

Kendisini nefsinin şerrinden korumalı, takvalı olmalı, ıslah etmelidir. Allah, ıslah edenlerin en hayırlısıdır. Allahu Teâlâ onun Rabbi ve mevlâsıdır. İnsan göz açıp kapayıncaya kadar da olsa sorumluluğu nefse terk etmemelidir.

Kur'an-ı Kerim'de Tevbe Kelimesinin Mânâları

Kur'an-ı Kerim'de tevbe kelimesi birçok mânâda varit olmuştur.

Birincisi: Pişmanlık mânâsında: Allahu Teâlâ Bakara Sûresi 54. âyette buyuruyor ki: *"Onun için sizi yaratana tevbe edin de nefislerinizi (kötü duygularınızı) öldürün"*.

Nur Sûresi 31. âyette ise: *"Ey mü'minler! Hep birden Allah'a tevbe ediniz ki, kurtuluşa eresiniz".*

İkincisi: Bağışlamak, affetmek mânâsındadır.

Allahu Teâlâ Tevbe Sûresi âyet 117'de şöyle buyuruyor: *"Muhakkak ki Allah, Peygamberi ve güçlük zamanında ona uyan muhacirlerle ensarı affetti."* Ahzap Sûresi âyet 73'te ise: *"Mü'min erkekler ve mü'mine kadınların da tevbesini kabul edecektir".*

Üçüncüsü: Bir şeyden dönüş yapmak mânâsına gelir.

A'raf Sûresi'nde Musa (a.s.)'nın dilinden: *"Seni noksan sıfatlardan tenzih ederim, sana tevbe ettim."* Yani seni görmek isteğimden döndüm.

TEVBENİN FAZİLETLERİ

Allahu Teâlâ, tevbe etmeyi emrederek, Nur Sûresi âyet 31'de şöyle buyurdu: "*Ey mü'minler! Hep birden Allah'a tevbe ediniz ki, kurtuluşa eresiniz.*"

Tevbeyi kabul edeceğini vaad ederek, Şura Sûresi 25. âyette şöyle buyurmuştur: "*O, kullarından tevbeyi kabul eden, kötülükleri bağışlayan ve yaptıklarınızı bilendir.*"

Bağışlama ve affetmesinde kulları için ümit kapılarını açtı. Tevbelerinin kabul, avretlerinin kapatılması ve kötülüklerinin örtünmesini isteyenleri, kereminin sahasına ve bolluğuna (cömertliğine) sığınmalarını emretti. Hiç kimse onları Allah (c.c.) rahmetinden kovamaz, onlar ile Allah (c.c.) arasını hiçbir kapı ayıramaz (engel olamaz). Allahu Teâlâ Zümer Sûresi âyet 53'te şöyle buyurur: "*De ki: Ey kendi nefisleri aleyhine haddi aşan kullarım! Allah'ın rahmetinden ümit kesmeyin! Muhakkak ki Allah bütün günahları bağışlar. Hiç şüphesiz o çok bağışlayan ve çok esirgeyendir.*"

Kim tevbe eder ve mağfiret (bağışlanmayı) dilerse, Allahu Teâlâ onu affeder. Allahu Teâlâ Al-i İmran Sûresi âyet 135'te şöyle buyuruyor: "*O kimseler ki, bir kötülük yaptıklarında ya da bizzat kendilerine zulmettiklerinde Allah'ı hatırlayıp günahlarından dolayı hemen tevbe-istiğfar ederler. Zaten günahları Allah'tan başka kim affedebilir ki!*"

Muhakkak ki Allah, istiğfarda (af dilemede) devamlı olan muttaki kullarını övmüştür. Al-i İmran Sûresi 17. âyette "*O kimseler ki 'Ey Rabbimiz! İman ettik, öyleyse günahlarımızı bağışla, bizi ateş azabından koru!' derler. Sabrederler, dürüst olurlar, huzurda boyun bükerler, hayra harcarlar ve seher vaktinde bağış dilerler.*"

Günahtan tevbe eden, Allah'ın takdirini ve beğenişini kazanıp böylece korunmaya (muhafaza edilmeye) ve rahmetine ehil olur. Geniş rızıkla donatır, bereketlendirir, bol rızık verir, büyük mükâfatlar ihsan eder, âhirette de daimi ve kalıcı saadet ihsan eder. Allah, tevbe edenlerin mükâfatı hakkında Al-i İmran Sûresi 136. âyette şöyle buyuruyor: "*İşte onların mükâfatı, Rablerinin mağfireti altında ırmaklar akan, içinde ebedi kalacakları cennetlerdir. Böylece amel edenlerin mükâfatı ne güzeldir!*"

Sonra günahı terk ederek yapılan tevbe verimlilik ve artmaya, neslin çoğalmasına, şeref-izzet ve direncin artmasına da vesiledir.

Allahu Teâlâ Nuh Sûresi 10-12. âyetlerde şöyle buyuruyor: "*Dedim ki: 'Rabbinizden mağfiret dileyin; çünkü o, çok bağışlayıcıdır. (Mağfiret dileyin ki) üzerinize gökten bol bol yağmur indirsin. Mallarınızı ve çocuklarınızı çoğaltsın, size cennetler ihsan etsin, sizin için ırmaklar akıtsın.*"

Kullar için imanda rahmet vardır. Bağışlanma dilemede din ve dünya için bereket vardır. İbn-i Mace'nin Sünen'inde rivayet ettiği hadiste, Abdullah b. Abbas (r.a.) der ki: Resûlullah (s.a.v.) şöyle buyurdu: "Kim, istiğfara ısrarla devam ederse, Allah onu bütün kaygılardan kurtarır, bütün darlıklardan bir çıkış yolu verir, ona hiç beklemediği (ummadığı) yerden rızık verir."[3]

Tevbe kapısı açıktır. Tevbe kapısının kanatları üzerinde ni-

3 Sünen-i İbn-i Mace, 2/1253, bab 57, Hadis no: 3819, Dar-ihya-ü-türas el-arabî, Lübnan.

met, lütuf ve rahmet esintileri eser. Allahu Teâlâ Meryem Sûresi 60 ve 61. âyetlerde şöyle buyurur: *"Ancak tevbe eden, iman eden ve iyi amelde bulunanlar hariçtir. Bunlar hiçbir haksızlığa uğratılmaksızın cennete, yani çok merhametli olan Allah'ın kullarına gıyaben vaad ettiği Adn cennetlerine girecekler. Şüphesiz O'nun vaadi yerini bulacaktır."*

İman ve salih amel doğuran tevbe, tevbenin apaçık olumlu muradının gerçekleşmesidir. O, kötü yoldan kurtulan tevbekârlar, hiçbir ceza görmeyecekler, bilakis cennete girecekler ve hiçbir zulüm de görmeyecekler.

Allahu Teâlâ'ya dönüşün ve mağfiret dilemenin bereketi ne büyüktür! Onlar üzerine rahmetlerin inmesi dilenir, rızıklar bereketlenir, hayırlar çoğalır, Allahu Teâlâ mal ve oğullar verir, günahlar affedilir, güç kuvvet, feraset, akıl ve tam olarak yerinde isabetli olmayı ihsan eder. Allah affeden, mağfiret ve tevbeleri de çok kabul edendir. Tevbeyi kabul eder, günahı affeder.

Fazilet ve ihsanı ile elini gündüz açar, tâ ki gece günah işleyen tevbe etsin ve gece elini açar, tâ ki gündüz günah işleyen tevbe etsin. -O, bütün noksan sıfatlardan münezzehtir-.

Akıllı kişiye itaatle meşgul olmak yaraşır. O'ndan korkmada, O'nun murakabesinde olduğundan bir an -göz açıp kapayıncaya kadar- dahi olsun gafil olmaz. Gizli ve aleniyette Allah'tan korkar ve her zaman onun büyüklüğünü hatırlar, düşünür. İlmi her şeyi kaplar, gazabı şiddetlidir. Gazabından korkanların kalbine güven ve huzur dolar. Üzülen pişmanların, içinde bulunduğu durumlarını tebdil eder. Kötülüklerini yok ederek, günahlarını affederek, tevbelerini kabul ederek ve derecelerini yükselterek hallerini değiştirir.

İsteyenlerin, isteklerine malik olan Allah'ım, suskunların gönlünden geçeni bilirsin. Bize sadık bir tevbe ihsan et, tam dönüş ihsan et ki, hiçbir tereddüt onu bozmasın, hiçbir gecikme ve eksiklik ona musallat olmasın.

HEMEN TEVBE ETMEK VACİPTİR

Eğer insanların çoğu tevbeye muhtaç iseler o zaman her an ve fırsatta onunla meşgul olmaları kaçınılmazdır. Günahtan hemen tevbe etme ve geciktirilmemesi gerektiği, Kur'an ve Sünnet'ten anlaşılıyor ve aynı zamanda geciktirilmesi de caiz değildir. Tevbe (son anda) deneme esnasında fayda vermez. Zira böyle bir tevbe, bir tercih değil, bir mecburiyettir. Hemencecik ümitler tükenmeden ve ecel gelip çatmadan, ruhlar sürülüp savrulmadan kişi nefsine galip gelip bilmeden işlediği kötülüklerden tevbe ederse, tevbesinin kabul edilmesi Allah'ın üzerinde kulun bir hakkı olur. Allahu Teâlâ Nisa Sûresi 17. ve 18. âyetlerde buyuruyor ki: *"Allah'ın kabul edeceği tevbe, ancak bilmeden kötülük edip de sonra tez elden tevbe edenlerin tevbesidir; işte Allah bunların tevbesini kabul eder. Allah her şeyi bilendir, hikmet sahibidir. Yoksa kötülükleri yapıp da içlerinden birine ölüm gelip çatınca: "Ben şimdi tevbe ettim diyen ve kâfir olarak ölenler için (kabul edilecek) tevbe yoktur. Onlar için acı bir azap hazırlanmıştır."*

Ne zaman günahkâr ciddi, kararlı ve takva ile salih amel tohumları ekerek, yaptığından dolayı pişman olduğunu ve Rabbinin rahmetini ümit ettiğini samimi bir şekilde ifade ederse, Allah (c.c.) da onun tevbesini kabul eder. Kovulmuş ve şaşkın olarak terk edilmez. Bilakis, onu doğru yola koyar ve elinden tutar, adımlarını destekler ve ona yolu aydınlatır. Bu durumda kul için şu iki seçenekten başka seçenek yoktur.

1- Tevbede acele etmesi, tâ ki günah silinmeyi kabul etmeyen huy halini alıp kalbe hâkim olmasın.

2- Tevbeyi hastalık ve ölüm gelmeden önce yapması. Tevbeyi ağırdan alan, günah işlemekte ısrar eden ve kötülük işleyen aldatılmışlar, ölüm geldiği zaman, ben işte şimdi tevbe etmeliyim (tevbe zamanı şu andır) demekten sakınmalıdırlar. Günah kalbinde tam olarak kök salmış, kendini unutmuş, öyle ki kendisine adet haline gelmiş, onu söküp atması nefsine zor gelip imkânsız hale gelmiş, hatalarla kuşatılmış, günahlara karşı bitkin düşmüş ve bu esnada ecel gelip çatmış, günah işleme kudreti ve gücü kalmamış ve böylece tevbe etmeye mecbur kalmış, işte bu tevbeyi Allah (c.c.) kabul etmez. Çünkü böyle bir tevbe ihtiyari değil zorunludur. Bundan dolayı hayata hiçbir çeki düzen vermez ve kalpte hiçbir güzel amel doğurmaz. O, güneş batıdan doğduktan sonra, kıyamet günü Allah (c.c.)'ın azabı gelip çattıktan sonra yapılmış bir tevbe gibidir.

Ecel gelip çatmadan, ümitler tükenmeden, pişmanlığın fayda vermeyeceği gün gelmeden mü'min Allahu Teâlâ'ya tevbeye acele etmelidir. Allah (c.c.) hepimizi sevdiği ve razı olduğu güzel amellerde muvaffak etsin.

Tevbenin Geciktirilmesi Günahtır, Ondan da Tevbe Edilmeli

Kul, bir günah işlerken tevbeyi hatırlarsa, ona hemen en acil şekilde yönelmeli. Geciktirmeye, ertelemeye ve umutlara yaslanmamalı. O bilemez ki, ömrü ne zaman son bulur, nefesi ne zaman tükenir, geceler nasıl gelip geçer. Kur'an-ı Kerim, günahı itiraf etmeye ve tevbeye hemen koşmaya davet etmiştir. Allahu Teâlâ Nisa Sûresi 17. âyette şöyle buyurur: *"Allah'ın kabul edeceği tevbe, ancak bilmeden kötülük yapıp çabucak tevbe edenlerin tevbesidir; işte Allah bunların tevbesini kabul eder; Allah her şeyi bilendir, hikmet sahibidir."* Bu şekildeki tevbenin kabulünü, Allah (c.c.) rahmet ve faziletinden onu kulun bir hakkı olarak kendi nefsi üzerine yazmıştır.

Günahtan tevbeye acele etmek, hemen yapılması gereken bir farzdır. Geciktirilmesi caiz değildir. Eğer geciktirirse bundan dolayı da tevbe etmelidir.

TEVBENİN ŞARTLARI

Allahu Teâlâ'ya tevbe etmek, en büyük salih amellerdendir. Çünkü O, kul ile Rabbi arasında nefisteki gizli, saçma arzu, kapris ve engelleri kaldırır. Tevbe, kalbi ümitlerle doldurur ve nurun kaynağına yönlendirir.

Tevbe eden, tevbesinde sadık olduğunun şartlarını yerine getirdiği kadar tevbesi de sadık ve makbul tevbe olur. Bu şartlar şunlardır:

1. Tevbe sadece Allahu Teâlâ'nın rızası için olmalıdır. Çünkü Allahu Teâlâ hiçbir ameli kabul etmez, ancak sadece kendi rızasını kazanmak için yapılan halis ameller hariç. O da emrine uygun olarak, yüce Resûlü (s.a.v.)'nün belirttiği şekilde olmalıdır. Amel halis olarak sadece Allah (c.c.) için ve doğru -yani sünnete uygun- olmalıdır. Zira amel doğru olup, halis olmayabilir, bu kabul olunmaz, aynı şekilde halis olup doğru olmayabilir ki bu da kabul olunmaz. Hz. Ömer (r.a.) duasında: "Ey Allah'ım bütün amellerimi salih ve sadece kendi rızan için kıl ve hiç kimseye onda bir şey kılma" buyurur.

Tevbeye sevk eden sebep, Allahu Teâlâ'nın sevgisi, onu tazimi, ümidi ve mükâfatını arzulama özlemi olmalı,. azabından korkma, hiçbir mahlûka dalkavukluk etme ve geçici dünya malından bir şey kast olunmamalıdır.

2. Günahı terk etmek. Nefis, günahın lezzetiyle meşgul olduğundan, salih amelde ihlâs göstermesi güçtür. Kötülüğün köklerini kalbinden söküp atmak için tevbe eden kişi çok çalışmalı ki, kalbi saf, halis ve arınmış olsun. Böylece salih niyetle, Allahu Teâlâ tarafından kabul gören hayır ameller o kişiden sadır olsun. Eğer günah, haram bir fiille işlenmişse, hemen terk etmeli, yok eğer bir vacibin terk edilmesiyle olmuşsa, onu hemen yerine getirmeli, yok eğer kaza edilmesi gereken bir amel ise, onu hemen kaza etmeli, yok eğer herhangi bir kişinin hakkıyla (kul hakkı vs) alakalıysa hemen helallik dilemeli ve onu yerine getirmeli. İnşallah bu mevzu ileride daha geniş olarak açıklanacaktır.

3. Geçmişte olanlardan dolayı pişmanlık. Günahtan derhal vazgeçmeli ve ileride yapmayacağına kararlı olmalıdır. Geçmişte olanlardan üzülüp, pişmanlık duymayana kadar tevbesi sadık ve gerçek bir tevbe olmaz. Allah'a (c.c.) pişman olduğunu göstermeli ve tevbe edip O'na dönmelidir.

4. Günaha bir daha dönmeyeceğine kesin kararlı olmak. Günahtan tevbe etmeli ve ileride ona tekrar dönmeyeceğine söz vermelidir. Bundan kasıt, kaçırdıklarını tedarik etmek ve geleceğini düzeltmektir. Ölünceye dek günahı terk edip gercek mânâda kendini Allah'a (c.c.) itaat etmeye vermektir. Kesin kararlı olup emredileni yapıp, yasakları terk edip, ömrü boyunca bunu devam ettirmektir.

5. Günahta ısrarcı olmamak. Israr, kalbi günah arzusuna bağlamak, bunda istikrar kılmak ve tekrar işlemeye azmetmektir. Çünkü tevbe ile beraber günah işlemekte ısrarcı olmak, ancak yalancıların tevbesidir. Onlar (yalancılar) günahı geçici olarak terk edip günaha tekrar dönmek için elverişli fırsatı kolluyorlar. Günahın tadı kalplerinde kalmış, ona yol buldukça nefsin isteğini (günah işleme arzusunu) temenni ediyorlar. Halbuki Allahu Teâlâ Cennet'e girmek ve günahların affedilmesi için, tiksindirici (fahiş) fiilde ısrar etmemeyi ve nefse zulüm etmemeyi şart koşmuştur. Allahu Teâlâ Al-i İmran Sûresi 135. ve 136. âyetlerde şöyle buyurur: "*O kimseler ki, bir kötülük yaptıklarında ya da bizzat kendilerine zulmettiklerinde Allah'ı hatırlayıp günahlarından dolayı hemen tevbe istiğfar ederler. Zaten günahları, Allah'tan başka kim bağışlayabilir ki? Bir de onlar işledikleri kötülüklerde bile bile ısrar etmezler. İşte onların mükâfatı, Rablerinin mağfireti ve altında ırmaklar akan, içinde ebedi kalacakları cennetlerdir. Böylece amel edenlerin mükâfatı ne güzeldir.*"

6. Tevbe kalp ve lisanla olduğu gibi salih amelle de olur. Salih amel, kalbin fiilî tercümanıdır. Zira salih amel insanı günahtan vazgeçirmek için olumlu bir vasıtadır. Böylece ömrünü günah ve nefsine uyarak geçirdiği kısmını, salih amelle telafi eder. Fiili ameller yaparak, günah ve hataların izini yok eder. Eğer sadece günahtan vazgeçip tevbe ederse, salih amelle de telafiye çalışmazsa onun kurtuluşu ümit edilemez. Tevbe eden, farzları ve imanın yetmiş küsur parçasını gücü yettiğince yerine getirmelidir.

7. Tevbesinde devam etmek. Tevbe eden, tevbesini bozacak ya da ona muhalif olacak şeyleri yapmayıp tevbesinde devam etmelidir. Zira tevbede devamlılık, tevbenin sıhhat ve faydalı olmasında aranan şartlardır.

8. Tevbenin zamanında yapılması. Tevbenin zamanı, ecel gelmeden ve güneş batıdan doğmadan öncedir. Tevbenin vakti ile son vaktinin beyanı daha sonra gelecektir.

Bununla anlaşılıyor ki; kim ki bir şartı yerine getirir ve diğerlerinden gafil olursa tevbesi tevbe sayılmaz, diğer şartlar yerine getirilmeyinceye kadar. Tevbe bir bütündür. Bir parçasını kaybettiğinde, bütün özelliklerini kaybeder. Kimyadaki "bileşim" gibi... Nasıl ki, "bileşim" bir unsurunu kaybedince diğer bütün özelliklerini kaybediyorsa, tevbe de öyledir.

Yardımcı ancak Allah'tır.

Tevbenin Vakti ve Bu Vaktin Sonu

Tevbe, öyle bir makamdır ki, ömre başından sonuna kadar refakat eder. İnsanlar tevbeye her zaman muhtaçtır. İnsanlar tevbe etmeli ve tevbelerini devam ettirmelidirler. Allahu Teâlâ Nur Sûresi 31. âyette: *"Ey mü'minler: Hep birden Allah'a tevbe ediniz ki, kurtuluşa eresiniz."* buyurmaktadır.

Emir fiili, vucubiyet (zorunluluk) ifade eder; herhangi bir sınırlama ve şart yok ise... Bundan dolayı tevbe, ömür boyu mutlak olarak vaciptir (gereklidir). Onun vakti ise, hayat boyudur. Bu her mü'minin hedefidir. Allahu Teâlâ Peygamberlerin en faziletlisine ve Peygamberlerden sonra en büyük topluluğa buyurmuştur: *"And olsun ki: Allah, müslümanlardan bir gurubun kalpleri eğrilmeye yüz tuttuktan sonra, Peygamberi ve zorluk zamanında ona uyan mü'minlerle ensarı affetti. Sonra da onların tevbelerini kabul etti. Çünkü O, onlara karşı çok şefkatli, pek merhametlidir."*[4]

Bu sebeple kul, her zaman ve fırsatta mutlak olarak tevbe ve istiğfara muhtaçtır. Eğer Peygamber'e (s.a.v.) amellerini tevbe ve istiğfarla bitirmesi emredilmişse şu âyet-i kerimede olduğu gibi: *"Allah'ın yardım ve zaferi geldiğinde insanlar bölük bölük Allah'ın dinine girmekte oldukların gördüğün vakit, Allah'a hamd ederek, O'nu tesbih et ve O'ndan mağfiret dile. Çünkü O, tevbeleri fazlaca kabul edendir."*[5] Peygamber (s.a.v.) bununla emrolunmuşsa, peki ya peygamberin dışındakiler, onlar daha da fazla muhtaçtırlar. Kul azmini ve kararlılığını göstermeli, nefsini muhasebe etmeli ve ölünceye dek Allahu Teâlâ'ya tevbe etmelidir.

Hiçbir kul yoktur ki, bir günah ve kötü bir fiil işlememiş olsun. Âdem'in (a.s.) bütün çocukları hata yaparlar. Muhakkak ki

---

4 Tevbe, 117
5 Nasır, 1-3

İblis, Âdemoğlunun ruhu cesedinde olduğu ana kadar, günah işlemeleri ve delalete (sapıklığa) gitmeleri için onları terk etmeyeceğim diye Allahu Teâlâ'ya yemin etmiştir.

Hz. Hasan (r.a.) buyurdular ki: "Şeytan yeryüzüne indiği zaman Allahu Teâlâ'ya dedi ki: "Senin izzetine yemin olsun ki, Âdem'in çocukları ruhları cesetlerinde oluncaya dek onlardan ayrılmayacağım".

Tevbe kapısı açıktır, avareler o kapıya dönüyorlar, sapıklık labirentinden şahsiyetlerinin (nefislerinin) geri verilmesini istiyorlar. Eğer ömürleri yeterse, imanın fayda vermeyeceği gün gelmeden salih amel işlesinler, yoksa ne iman etmiş olurlar, ne de imanlarından bir hayır kazanmış olurlar.

Tevbe vakti, kalp Rabbinin ve yaratıcısının büyüklüğünü ve celalini hissettiği an başlar. Doğru yola girmek, Allahu Teâlâ'ya dönmekle, tevbesini ilan eder. Öyle bir yol ki, onları O'nun rızasına ulaştırır. Bu yolu tutmalarını Allah (c.c.) şu âyet-i kerimede emretti: "*Şüphesiz ki, bu benim dosdoğru yolumdur, ona uyun, (başka) yollara uymayın. Zira o yol sizi Allah'ın yolundan ayırır.*"[6]

Günahkâr kimse, hastalık ve ölüm gelmeden tevbe etmelidir. Mesuliyetini bildiği için bu tevbe hayatını ve kalbini ıslah eder. Bu durumda onda ümit vardır, pişmanlık ondan kabul edilir, günahı terk etme azmi beklenir ondan.

Bu da Allahu Teâlâ'nın şu emrinde kasdolunandır: "*Allah'ın kabul edeceği tevbe, ancak bilmeden kötülük edip de sonra hemen tevbe edenlerin tevbesidir. İşte Allah bunların tevbesini kabul eder. Allah her şeyi bilendir, hikmet sahibidir.*"[7]

Cehaletten dolayı, dönem kısa olsun, uzun olsun, günah

---

6 En'am, 153
7 Nisa, 17

işleyip hidayet yolundan sapanların, mademki, o cehalet ruhları gırtlağa gelene kadar devam etmiyor ise, Allah (c.c.) onların tevbesini kabul eder. Eğer ruh gırtlağa gelmeden cesedi terk ederse o kişi için ne bir doğru kasıt, ne de niyet kalır. Halbuki Allahu Teâlâ rahmeti geniş, affı da kapsamlı olup, tevbe edenlerin tevbesini her zaman ve vakitte kabul etmekle beraber, ancak ölüm gelip çatınca, ben şimdi tevbe ettim diyenlere tevbe kapısını kapatmıştır. Bu sınıf insanlar, tevbe edenler sınıfına dâhil değildirler. Çünkü bu kısım insanlar günaha dalmış ve kirlenmişler, ölüm görülmeye yüz tuttuğunda, ümitsizlik vakti geldi ve böylece her tarafını günah sarmış, kurtuluş vesileleri de kalmamış ve böylece biz tevbe ettik diyorlar, bu nasıl tevbe olabilir ki?

Günah işlemek, boş söze dalarak ya da farz ve vacipten yüz çevirerek zaman geçirmek caiz değildir.

Safvan b. Assal dedi ki: "Allah'ın Resûlü (s.a.v.) buyurdular ki: Güneşin batısında açık bir kapı vardır. Yetmiş yıl açık kalır. Güneş batıdan doğana kadar o kapı tevbeye açıktır. Eğer batıdan güneş doğarsa, ne ettiği iman, ne de elde ettiği hayırlar kişiye fayda verir"[8]

Abdullah b. Amr'dan (r.a.), Peygamber (s.a.v.) buyurdular ki: "Ruh gırtlağa gelmeden Allahu Teâlâ kulunun tevbesini kabul eder."[9]

İbn-i Hubeyr dedi ki: "Eğer güneş batıdan doğana kadar, mü'min kişi imanıyla bir hayır elde etmediyse, ondan sonra elde ettiği ona fayda vermez."

Bundan dolayı, tevbeyi kaçırmadan tevbe etmek için acele et. Kötülüklerden sakın ve dikkat et. Günahkâr kimse: *"Rabbim!" der. "Beni (dünyaya) geri gönder, ta ki boş geçirdiğim dünyada iyi iş (ve hareketler) yapayım". Hayır! Onun söylediği bu söz laf-*

8 Sünen-i İbn-i Mace, 2/396, Hadis No: 4121, bab 32, Fitneler babı.
9 Sünen-i İbn-i Mace, 2/438, bab 30, Zühd babı, Hadis No: 4308.

tan ibarettir. Onların gerisinde ise, yeniden dirilecek güne kadar (süren) bir berzah vardır."[10]

Rabbim tevbe etme, ölüme hazırlık ve ondan sonrası için çalışmaya bizi muvaffak eyle. -Amin-

10 Mü'minûn, 99, 100

BÜTÜN GÜNAHLARDAN TEVBE MÜMKÜNDÜR

Nefsin, hakikat ve gücüne müdrik olan, kesin olarak bilir ki; O, kulun helaki için meydana gelen, kötülük ve azgınlık yokuşunda onu sıkıştıran bütün kötülüklerin kaynağı ve meydana gelenlerin de barınağıdır. Sünnetullah'ta var olan bir hakikattir ki, her kim, onun yolunu tutar ve dinine tâbi olur, muhakkak ki kazanmıştır, kurtulmuştur, idare eden ve liderlik yapandır. Her kim de Allahu Teâlâ'nın hidayetini terk edip, sırtını döner ve şeriatına mani olur, şeytanın yolunu tutarsa, amelleri boşa çıkar, tam bir sapıklığa saplanıp helak olur. Bu sebeple Allah'a şirk koşmak, günahların en büyüğü ve en çirkinidir. O, Allahu Teâlâ'nın rahmetinden kovulmuş ve uzaklaştırılmıştır. Cennet ona haram, ateş de onun barınak ve varacağı yerdir. Allahu Teâlâ Maide Sûresi âyet 72'de şöyle buyuruyor: "*Muhakkak ki, her kim Allah'a ortak koşarsa, Allah ona cenneti haram kılar, artık onun yeri ateştir ve zalimler için yardımcılar yoktur.*"

Bununla beraber; müşriğin tevbe etmesi mümkündür, Allahu Teâlâ'nın buyurduğu gibi: "*İnkar edenler: Eğer (sana düşmanlıktan) vazgeçerlerse (günahlarının) bağışlanacağını söyle.*"[11]

Tevbe kapısı her zaman açıktır. Kalbi, aklı, gönlü uyanık her

11 Enfal, 38

kim oraya dönmek isterse Allahu Teâlâ'nın himayesine girer ve onu ipe sapa gelmez (saçma) sapık fikir ve düşüncelerden korur.

Şirkin dışındaki günahlar iki kısımdır.

Birincisi: Allahu Teâlâ'nın hakkıyla ilgili olanlar.

İkincisi: Kul hakkı ile ilgili olanlar.

Birinci kısım iki çeşittir.

1. Telafi edilmesi mümkün olan bir vacibin terk edilmesiyle olan günah. Namaz, oruç, hac gibi... Burada mümkün olduğu ve gücü yettiği kadar hem tevbe etmeli, hem de kazasını yapmalıdır. Bazı günahlarda ise tevbe ile beraber kefaret gerekir. Yemin bozma ve zihar[12] gibi.

2. Cahilliğinden kaynaklanan, gerektiği gibi Allahu Teâlâ'yı tanıyamadığından, helal kıldığını helal, haram kıldığını haram bilmediğinden. Bu çeşit günahta sadece tevbe etmesi yeterlidir. Eğer günah küfrü gerektiriyorsa kelime-i şehâdet getirir ve inkâr ettiğini ispat (ikrar) eder. İtikad ettiği küfrü gerektiren şeyleri inkâr etmelidir. İstemeyerek veyahut cehaletten ise onu takviye edecek, bir daha o duruma düşmemesi için onu koruyacak bilgileri öğrenmesi gerekir.

İkinci kısım

İnsanların hakkıyla ilgili olan günahlardır ki, iki çeşittir.

1. Onarılabilir, eski haline getirilebilir olanlar. Mal, zedelenen, telafi olan, çalınan ve gasp edilenlerin bedeli gibi... Bu mağduriyetlerin giderilmesi, eğer varsa sahibine iadesi, yok helak olmuşsa ya da bulunamıyorsa, benzerleriyle giderilmesi.

12 Zihar: Cahiliyye devrinde kişinin karısının vücudunun herhangi bir kısmının annesininki gibi olduğunu söyleyerek karısını kendisine haram kılması.

Çünkü bu kesin bir haktır. Sahibine iade edilmesi vaciptir. Meşru olduğu biçimde hak sahibine imkân vermek... Eğer mağduriyeti giderilemez ve sahiplerine iade edemezse, pişman olur, azmederek vazgeçer ve sadece tevbe ile yetinirse, tevbesi kendisiyle Rabbi arasında doğrudur. Ama adamın hakkı onda kalır, hak sahibi hakkını isteyebilir. Yoksulluktan dolayı veremezse, Allahu Teâlâ'nın onu affetmesi umulur. Affına güven olur, fazileti de boldur. Nice akıbetlere kefil olmuştur ve nice kötülükleri iyilikle tebdil etmiştir.

2. Benzeriyle onarılamayan, aynısıyla yerine getirilemeyen, bilakis aynı cinsten karşılığı olmayan. Kazf[13] (iftira), had[14], celd[15], zina gibi. Zira bu suçlardan herhangi birisi ispatlanınca cezası ya recm, ya da celddir.

Ama gıybet yapan, iftira atan günahkârdır. Eğer helallik dilememiş ise, azaba müstahaktır. Böyle günahları işlemek sadece kul ile Allah arasında olduğu için kimse bilmez, tevbesi pişman olmaktır. O fiili terk etmek ve çok istiğfar etmek gerekir. Gıybetini ettiği adama vs. için nefsini yalanlaması, yaptığı iftiralardan dolayı ailesine dil uzattığı (iftira ettiği) için, adama iyilikte bulunması, hak sahibi için Allah'a dua etmesi ve onun için tevbe etmesi gerekir. Gıybet ve iftira ettiklerine söylediğinin aksini aynı yerlerde söylemesi de gerekir. Gıybetini övgü ve sena ile tebdil eder, gittiği yerlerde iyiliklerini zikreder. İffetli olduğundan, iyi bir kişi olduğundan söz eder ve gıybet ettiği kadar istiğfar eder.

13 Kazf: Namuslu, iffetli kadına zina isnad etmek, iftira etmek.
14 Had: İslam hukukunda verilen ceza.
15 Celd: Kırbaç cezası.

TEVBE ETMEYİ GEREKTİREN GÜNAH VE SUÇLAR

İslâm, kamu düzeninde her şeyden önce insanı yetiştirmeyi temel olarak alır. Onun derinliklerine nüfuz etmek için büyük bir çaba sarf etmiştir, yönlendirmelerini yetiştirmenin temeline koymuştur. İnsana içten ve dıştan hâkim olan faktörler çoktur. Kötülüğü emreden nefis ve şeytan, insana bütün tuzakları kurup onun mutluluk ve kurtuluş yollarını kesmek istemiştir.

İnsanın içgüdü, şehvet ve nefsanî meyilleri onun sağlam dengesini ne çabuk bozabiliyor. Günaha düşüp aşırı gidebiliyor. Karakter hastalıkları, nefsin arzuları, aşırı deforme olmuş taleplerinin temeli ya cehalet ya da zayıflıktır. Ancak cehaletin zorunlu kıldığı ya da biliyor fakat tam olarak kalpten onu silip atmaya engel bir acizlik ve zayıflık vardır onda, yoksa ondan günah sadır olmaz. Nefsin olumsuz etkisini ve pisliğini temizleyecek, onu saflığına, arınmasına tekrar kavuşturacak, Allah'a tevbeden ve itaatinin gölgesine dönüşten ve teslimiyet gölgesine kapanmasından başka daha uygun bir şey yoktur. *"Her kim Allah'a dayanırsa, kesinlikle doğru yola iletilmiştir."*[16]

Bütün günahlardan ve haramlardan korunmadıkça kişi tevbe etmiş olarak isimlendirilemez. Bu kötü hallere düşmekten korunup sakınmalıdır. Bunlar:

---

16 Al-i İmran, 101

1. Allah'a ortak koşmak

Bu, günahların en büyüğüdür. Şirk, Allah'a ortak koşmak, ortak edinip onu Allah'ı sever gibi sevmek, ona dua etmek, yardım dilemektir. Şirk affedilmez en büyük günahtır. Ancak tevbe edip, Allahu Teâlâ'yı, tevhid esaslarını kabul ederek inanırsa, şirk büyük olsun, küçük olsun affedilmede aynıdır. Küçük şirk; riya, gösteriş için ibadet etme, Allah'ın dışında başka bir şeye -onu Allah'a eş ve ortak görerek- yemin etmek, Allah'a ve sana tevekkül ettiğim gibi... Bundan dolayı tevbe eden kişinin, Allahu Teâlâ'ya, gerektiği şekilde de tevhide inanması gerekir. Müşrikler tevhidi sadece Allah için kılmalı ve önceki adet ve sapık eylemlerinden soyutlanmalıdırlar. Sadece Allahu Teâlâ'nın veli, ilah, mabûd, yardımcı, vekil, koruyucu ve yardım dilenen tek Zat olması lazımdır. Kişi, ihlâslı bir şekilde, emirlerine uyarak, yasaklarından kaçınarak ve rızasını dileyerek, niyetini Allah için kılmalıdır.

2. Küfür (İnkâr)

Büyük bir günah ve cinayettir. Küfürden dolayı bütün ameller boşa çıkar. Bunu işleyen kişi, en büyük ve şiddetli azaba ebedi olarak girer. -Küfrün çeşitleri çoktur, burası yeri değildir- Buna rağmen Allahu Teâlâ tevbe kapısını açmış, her kim küfrü ve inadı bırakır, teslim olup O'na dönerse, Allahu Teâlâ Enfal Sûresi 38. âyette: *"Eğer sana düşmanlıktan vazgeçerlerse, geçmiş (günahlarının) bağışlanacağını söyle. Yok, yine (savaşa) dönerlerse, öncekilerin (başına gelen Allah) kanunu, (onlar için de uygulanmaya) devam edecektir."* buyurmaktadır.

3. Nifak (Münafıklık)

Nifak (münafıklık), tedavisi mümkün olmayan gizli bir hastalıktır. Öyle ki kişinin her tarafına sinmiştir, fakat o bunun farkında değildir. O, insanlar arasında gizli bir şeydir. Öyle ki, çoğu insanlar bunu karıştırır, ona müdahale ettiğin zaman iddia eder ki, kendisi ıslah edicilerdendir. Halbuki o fesatçıdır. Ona engel olmaya çalışana ve iç hastalıklardan dolayı yardımcı olmak isteyene engel olur. Eğer tevbe ile tedavi edip onları gidermezse Allahu Teâlâ'ya salim bir kalple gidemez. Allahu Teâlâ, bizi söz ve amelimizde nifaktan korusun. Nisa Sûresi 145. âyette şöyle buyuruyor: *"Şüphesiz ki münafıklar cehennemin en alt katındadırlar. Artık onlara asla bir yardımcı bulamazsın."*

Allahu Teâlâ'nın rahmeti, ulaşmak isteyenlere geniştir. Fazileti de o kadar geniştir ki, tevbe edenlerin tümünü kapsar. Kim Allahu Teâlâ'ya dönmek, sığınmak isteyip münafıklık ve münafıklardan kurtulmak isterse, ona hiçbir şey gerekmez. Sadece âyetin işaret ettiği gerçekleşirse yeterlidir: *"Ancak tevbe edip hallerini düzeltenler, Allah'a sımsıkı sarılıp dinlerini (ibadetlerini) yalnız onun için yapanlar başkadır. İşte bunlar (gerçekte) mü'minlerle beraberdirler ve Allah mü'minlere yakında büyük mükâfat verecektir."*[17]

Münafık tevbesinin şartı, Allahu Teâlâ'ya iltica etmek; tereddütlerden, yerli yerince oturmamış ahlaktan kurtulmak içindir. Ve dinlerini yalnız Allah için kılmalı ve riyadan da soyutlanmaları için. Bunları yerine getirdiğinde tevbe eden mü'minlerin vasfına erişir. Allahu Teâlâ'nın Nisa Sûresi 146. âyetin sonunda buyurduğu gibi: *"Allah mü'minlere büyük bir ecir verecektir"*.

4. Doğru Yoldan Sapmak

Doğru yoldan sapmanın her türünden; fiili bir isyan ya da Allahu Teâlâ'nın nehyettiği bir şeyi yaparak emrine isyan etmek ya da inançta olan bir sapma, tahrif ve bid'at ehli olma gibi durumlardan tevbe etmek. Böylece takva gerçekleşir ve tevbe sahih olur. Bu da Allahu Teâlâ'dan olan bir nur ile rahmetini umarak ve azabından korkarak ona itaat etmekle olur. Günah-

17 Nisa, 146

tan hicret edip Kitap ve Sünnete sarılmak, nefsi istek ve aşırı arzuları (şehvetleri) isyan ederse, o da Allah korkusu ve itaat etme güç ve kuvvetiyle onları yok eder.

5. Bid'at

Bid'at "Kur'an, sünnet ya da onun ikisinden kaynak alınan şer'i delillerden hiçbir dayanağı olmadan tasarlanmış yollardır." demektir.

Bid'at sahibinin tevbesi; bid'atini itiraf etmeli, bid'at olduğunu bilmeli ondan dönmeli ve önce inandığının zıddına inanması gerekir. Ama ona kötü ameli (fiili) süslendirip oda onu hoş görürse bu durumda onu hoş karşıladığı müddetçe tevbe etmiş olmaz. Bütün hallerde bid'atten tevbe edebilir. Allah'ın, ona hidayet vermesi ve hakka gönlünü açmasıyla onu din kaidelerine ve şer-i hükümlere yönlendirerek hak yol ona açık olana kadar o da böylece dosdoğru yola girer.

Allahu Teâlâ şöyle buyuruyor: *"Eğer kendilerine verilen öğüdü yerine getirselerdi, onlar için hem daha hayırlı, (imanlarını) daha pekiştirici olurdu. O zaman elbette kendilerine katımızdan büyük mükâfat verirdik. Ve onları dosdoğru bir yola iletirdik."*[18]

6. Zina ve İftira

Zina ve iftiradan Allah'a tevbe eder. Yaptıklarından pişmanlık duyar. Kazf (iftira) eden kişi, iftira ettiklerine iyi davranmalı, onlar hakkında söylediğinin tersini söylemelidir.

7. Faiz

Bu durumda sadece sermayesini (anaparasını) alır. Faiz olan miktarı ve faizle ilgili bütün işlemleri bırakarak tevbe eder.

---

18 Nisa, 66-68

8. Zulüm

Zulüm iki çeşittir.

1. Nefse zulüm (kendi kendine zulmetmek)

Bir vacibi terk etmek ya da haram bir fiili yapmakla kişi kendi kendine zulüm eder. Yapılması gereken emri terk etmekten tevbe istiğfar eder. Çünkü her iki durumda günahlardan, hatalardan ve kötülüklerdendir. Farzlardan, kaçındıklarını kaza etmeli ve haram fiillerden nerede olursa olsun kaçınmalıdır. İmanda, tevhidde, farzlarda Allahu Teâlâ'nın haram kıldığı günahları da terk etmelidir. Tevbe eden, tevhide ve imanın hakikatlerine dönmeli; namaz, hac, oruç, zekât gibi kaçırdığı farzları da kaza etmelidir. Kişinin yaptıkları ya lehinedir veyahut aleyhinedir. Aleyhine olanlardan istiğfar eder. Doğru olmayan, kötü zanda bulunabilir. Eğer böyle bir şey yaparsa Allah'a istiğfar eder. Sözü ya da fiili sonucunda azap (ceza) gerektirecek günahlardan tevbe eder.

2. Başkasına Zulüm

Başkasına zulüm; can, mal ya da ırzına haksızlık ederek gerçekleşir. Gücü yetiyorsa o haksızlığı gidermelidir. Eğer mal, borç almış ise, onu geri verene kadar borçlu sayılır. Borçlu olarak ölürse, ruhu borca karşı rehin edilir, borcu ödenene kadar. Fakat borcu ödenmezse, kıyamet günü onun iyilikleri -hasenatları- alınıp alacaklıya verilir. Şayet hasenatları yok ise, o zaman alacaklının günahları borçluya yüklenir ve böylece -Allah bizi korusun- borçlu cehenneme sürülür. Bu durum, müslümanların tevbe etmeye, özellikle kul hakkından tevbe etmeye önem vermeyi zorunlu kılıyor.

Kul, hakka dönmeli. Nefsin çekişmelerinden, hevasının tereddütlerini araştırmalı, Allah'a istiğfar ederek her zaman ve yerde onu zikretmeli ve yaptığı hatalarda ısrarcı olmamalı, utanmadan günahla övünmemelidir. Böylece Allahu Teâlâ onun günahını affeder, hatasını giderir, muttaki kullarının kadrosunda onu tanzim eder. O kimseler ki Allahu Teâlâ onlar hakkında şöyle buyuruyor: "*Yine onlar ki, bir kötülük yaptıklarında, ya da bizzat kendilerine zulmettiklerinde Allah'ı hatırlayıp günahlarından dolayı hemen tevbe istiğfar ederler. Zaten günahları Allah'tan başka kim bağışlayabilir ki! Bir de onlar işledikleri kötülüklerde bile bile ısrar etmezler.*"[19]

Günah İle Kalbin Alakasını Kesen Vesileler

Her akıllı ve zeki -uyanık- günahın -isyanın- neticesinden sakınmalıdır. Çünkü günah helak edici bir zehirdir. Kötü etkileri vardır. Günahta müdavim olmak, lezzet ve tadını kat be kat arttırır. Akıllı -uyanık- kimse onu Allah'a ulaştıracak bir azık hazırlayandır. Çünkü Allah ile kul arasında bir akrabalık ve yakınlık yoktur. Muhakkak ki O, hakkı gözeterek kaimdir ve adaletiyle hâkimdir. Dikkat, dikkat! O affeden ve merhamet eden olmakla beraber, acı veren azap sahibidir de.

Günahla kalbin ilgisini kesen vesileler:

1. Bil ki günah ya gaflet sebebiyle olur ki, onun ilacı ilimdir. Tevbe eden hidayet yolunu tutmalı, ilim öğrenmeli ve ona davet etmeli ve de onunla amel etmelidir. Günahın zararlı olduğuna inanıp terk etmelidir. Kur'an-ı Kerim'in uyarılarını, günahkârlara verilecek cezaları ve günahlarından dolayı geçmiş ümmetlerin başına neler geldiğini düşünmelidir.

Günah, şehvetin galip gelmesi ya da nefisteki çekişmeler sebebiyleyse, onu tedavi etme yolu sabırdır. Mükâfatı da Allah'ın indindedir. Kulun şehvet ve kızgınlık ateşini abdest, namaz ile söndürmesi, ne söndürmedir! Abdest alsın, namaz kılsın, vaktini Allah'a takva ile değerlendirsin, Allahu Teâlâ için nefsini itaatle, kötü ahlaktan ve yerilmiş özelliklerden temizlesin.

19 Al-i İmran, 135

2. Allah'a iltica etmek. Kim Allahu Teâlâ'ya iltica eder, bütün hallerde O'na sığınırsa O'ndan hiç ayrılmayan ve terk etmeyen iki düşmanına karşı Allah ona yardım eder, korur. O iki düşman, nefis ve taşlanmış şeytandır. Al-i İmran Sûresi 101. âyette Cenab-ı Hak şöyle buyuruyor: "*Kim ki, Allah'ın ipine sarılırsa, muhakkak ki dosdoğru yola ermiştir.*"

Allahu Teâlâ'nın ipi, Kur'an-ı Kerim'dir. O'nun emir ve hükümleriyle amel etsin, hidayet bulsun ve onu tefekkür etmeye devam etsin. Ve haber verdiklerinden de ibret alsın.

3. Cezanın acilen dünyada verilmesinden korkmak. Bazı rızıklardan, işlediği günahlardan dolayı mahrum olabilir. Eğer isyanda ısrar ederse, hastalıktan, fakir düşmekten korksun.

4. Yediklerini temiz tutmak ve sadece helal yemek. Haram yiyecekle yapılan ibadet, deniz dalgaları üzerine bina yapmak gibidir.

5. Yarın Allah'ın (c.c.) önünde olacağını hatırlamak. Kul, yarın Allah'ın (c.c.) önünde olacağını ve onu bütün amellerden hesaba çekebileceğini hatırlamak. Yaptığı günahın lezzetine baksın ki gitmiş ve cezası üzerinde kalmış. Nefsini engellesin, yaptığı günahtan korksun. Allahu Teâlâ'dan uzaklaştıracak bütün yollardan uzak dursun.

6. Rabbiyle karşılaşmanın ne kadar çabuk olacağını hatırlamak. Her an ölümün gelebileceğini ve ölümden sonra olacak cezayı, dünyadan sonra cennet ve ateşten başka yer olmadığını, dönüş durumunu, doğacak korkunç hali, Allahu Teâlâ'nın gücünü, kudretini ve acı veren azabını düşünmek.

7. Kötü arkadaşlardan uzak durmak. Arkadaş grubunu seçmek ve kötülerin yerine Allah'ı zikreden salih insanlarla oturanları ve Allahu Teâlâ'ya yönlendirenleri tercih etmek. Âlimler, bütün asırlarda ışık saçan meşalelerdir, onlarla oturmalı, ilim ve nasihatlerinden nasiplenmelidir. Bunu yaptığı vakit bereketli bir kazanç ve çok hayırlar görecektir.

8. Taşlanmış şeytanın vesveselerinden ve şerrinden Allah'a sığınmayı dilemek. Allahu Teâlâ şöyle buyuruyor: "*Eğer şeytandan gelen kötü bir düşünce seni dürtecek olursa, hemen Allah'a sığın. Çünkü O, işiten ve bilendir.*"[20]

9. İstiğfar en büyük hayırlardandır. Kim sözünde, amelinde ya da nefsinin kendisine galip gelmesini ya da rızkının durumu değiştiği durumlarda (zengin iken fakir olmak gibi) kendinde bir ihmal hissederse, tevbe, istiğfar etmelidir. Tevbe istiğfarı sıdk ve ihlâsla yaparsa, onda şifa vardır.

10. Gereksiz yeme, bakma ve konuşmaktan kaçınmak. Nerede ve nasıl olursa olsun, Allahu Teâlâ'ya itaat etmek, gereksiz yeme, bakma ve konuşmaktan kaçınmak. Günahta ısrar etmeyip, her kötülüğün ardından bir iyilik yapmak... Allahu Teâlâ şöyle buyuruyor: "*Muhakkak iyilikler kötülükleri (günahları) giderir. Bu öğüt almak isteyenlere (güzel bir) hatırlatmadır.*"[21]

Günahı İşlemekten Aciz Olanın Tevbesinin Hükmü

Günah işlemek isteyen, herhangi bir sebepten dolayı günahı işlemezse ve ondan o günahın vuku bulması imkânsızlaşırsa, tevbesi sahih olur mu? Hırsız durdurulduğunda, zina etmek isteyenin organı kesildiğinde, kötü söz sahibinin dilinin kesilmesinde vs. Her kim böyle bir imkân elde eder ve yapılacak günahı meydana getirecek etkeni kaybedip günah işlemezse tevbe ederse tevbesi sahihtir. Tevbesi günaha azmetmekten dolayı olmalıdır. Şayet -gücü günah işlemeye yeterse-, şeytanın günah için vesveselerinden -hoşlanmak gibi- bilakis ondan kaçmalı, tiksinmeli ve iğrenmelidir. Kalbine gelen günah vesveselerinden, tevbe ve istiğfar ettiğinde tam ve mükemmel bir tevbe olur.

---

20 Fussilet, 36
21 Hud, 14

TEVBE İÇİN BELLİ BAŞLI VESİLELER

Tevbe farz-ı ayındır, her şahıs için. Hiç kimse ondan müstağni değildir. Çünkü günah işlemese bile, kalben onunla meşgul olmaktan alamaz kendini. Meşgul olmasa bile şeytanın vesveselerinden alamaz kendini. Zihni ve aklı Allah zikrinden başka şeylerde kullanmak ki bundan ayrı olsa bile, Allah'ın fiillerinden, sıfatlarından, ilminden gaflet göstermekte kusur etmekten bu defa alamaz kendini. Bu sebeple insanlar doğru yoldan (sırat-ı müstakimden) sapmamak zikzak çizmemek için tevbeye muhtaçtırlar. Fakat tevbe için belli başlı vesileler nelerdir? O vesileler gayet çoktur: İşte onlardan bazıları:

1. Geçmişte kaçırdıklarını tedarik etmek: Yapmadığı, kaçırdığı ibadetleri mümkün olduğu kadar tedarik etmek.

2. Allah'a yönelmek. Allah'a yönelmek, onun rızasını isteyerek amel etmek, Mevla'nın kudretini, büyüklüğünü ve onun rızasının değerini itaat edenlere vadini ve isyan edenlere tehdidini tefekkür etmek. Buna kalbi nurlanana ve fıtratın aslına dönene kadar devam etmek.

3. Nefis muhasebesi için acele etmek. Nefis muhasebesi için acele etmek, bu da bütün günahlardan ölmeden önce, samimi ve içten bir tevbe ile olur. Allahu Teâlâ'nın farz kıldıklarından, kaçırdıklarını tedarik etmelidir. Zulümle aldığı şeyleri sahibine iade etmelidir. Kalbiyle saldırdıklarından, dili ve eliyle sataştıklarından helallik dilemelidir. Geçmişte nefsinin yaptığı cinayetleri -günahları- hatırlamalı, nefse uymakla kıyamet gününde helak olacağını bilmelidir. Nefse karşı gelmenin de âhiret için kurtuluş olduğunu hatırlamalıdır. Kalbinden nefsi terbiye etmeye azmetmelidir. Nefsi durdurmalı ve bir hata yaptığında hemen cezalandırmada ısrar etmelidir. Ona daimi nasihat etmeli ve dönüşün mutlaka Rabbine olacağını hatırlatmalıdır.

4. Günah işlenen mekânlardan nefsi uzaklaştırmak. Nefsi günah işlenen mekânlardan ve kötü arkadaşlıklardan uzaklaştırmak. Aynı hal üzerinde kaldıkları müddetçe, onlarla ilişkiyi kesmek ve onların yerine hayır ehlinin sohbetinde bulunmak. O sohbet ehli ki, unuttuğunda ona hatırlatır, hatırladığında ona yardım eder, saptığında onu düzeltir, hakka ve sırat-ı müstakime (doğru yola) gitmesi için ona rehberlik ederler.

5. Niyetini Allah ile sadık kılmak. Allahu Teâlâ'ya dönüşünü, gizli ve açık amellerini düzelterek yapmak.

6. Kalbini günahta ısrar etmekten temizleme. Günahtan vazgeçse bile kalbin günahı arzulamasını dizginlemek. Kalbi günahtan arındırma, onu aşırı bir şekilde azarlama, korkutma, Kur'an-ı Kerim'in uyarılarını hatırlatma, günahkârların kıssaları ve başlarından geçen musibetlerin hikâyelerini hatırlatmakla olur. Günahtan dolayı cezanın dünyada hemen geleceğinden, maddî ve manevî rızıklardan mahrum olacağından korkmak...

7. Her günahı bir tevbeyle sonuçlandırmak. Allahu Teâlâ'nın faziletini ve affının bolluğunu ümit ederek faziletine ve affına dayanmak ve güvenmekle günahta devam etmek. Allah affeden ve merhamet eden olmakla beraber onun azabı en acı veren azaptır. Onun emrine muhalefet edenler, bir fitne ya da acı veren azapla karşılaşacağından sakınmalıdırlar. Mü'min hayra gitmede hidayet için yardım ümit etmelidir ve kalbinin Allah'ın elinde olduğunu düşünmelidir.

8. Sadece asıl malını (anaparasını) almalı. Faiz olarak aldığını yememeli ve bir müslümana da yedirmemelidir. Onu asıl sahibine iade etmelidir.

9. İnsanlardan haksız olarak alınan bir şey ise, meşru bir yolla, sahibinden gasp ettiği bir mal ise, gücü yetiyorsa onu sahibine iade etmelidir. Şayet iade edemiyorsa, onu en kısa zamanda iade etmeye çalışmalıdır. Gerçek sahibinden bir haber almadığı ya da bulamayacağından emin olursa, onu, mal sahibinin niyetine müslümanların maslahatı için kullanır. O da, inşallah bunu yapmakla ecir (sevap) alanlardandır.

On: Allah için halis amel işlemeli. Resûlullah'ın (s.a.v.) sünnetine uygun olarak, Allah'a (c.c.) halis amel işlemeli, ilmi öğrenme, öğretmede ve onu davet etmede hidayet yolunu tutmalıdır. Hayatında, duruş, davranış ve hareketlerinde Allahu Teâlâ'nın emirlerini tutmalıdır. Hüsnüzanda bulunmak, rahmetine güvenmek ve affından kesinlikle ümitsizliğe düşmemek...

Tevbeden Uzaklaştıran Sebepler

Nefs, bedenin tabiatına meylederek, büyük şehvetlerle lezzetleri arzular. Günah, kalbi hayır işlemeye karşı zayıf düşürür. Böylece onda günahı işleme arzusu yavaş yavaş kuvvet bulur; ta ki tamamen sıyrılana kadar. Günah benzerlerini eker ve bir kısmı diğer kısmını doğurur. O da ancak bazı sebeplerden dolayı olur. Şöyle ki:

1. Allah'ın rahmetinin geniş olduğunu düşünmek. İnsanın, Allahu Teâlâ'nın rahmet, kerem ve affının genişliği ve bolluğuna güvenmesi. Öyle ki, bazılarına nasihat babından konuştuğun ya da bir günahtan dolayı uyardığında, hemen Allah'ın rahmeti geniş ve affı da bütün günahları kapsar diye karşılık verir. Bu miskin (gariban) Allah'ın affı ve rahmeti geniş ve bol olduğu gibi azabının da çok şiddetli olduğunu unutmuştur. O'nun şiddetli azabı mücrimlerden geri çevrilemez. Kim günahta ısrar eder, bununla beraber Allah'ın affına güvenirse, o kibirlenen inatçı gibidir.

2. Şehvet geçici bir lezzettir. Bu acil lezzeti terk etmek, nefis için daha sonra olacak vahim bir duruma sebep olabilir.

3. Erteleme ve umutlara aldanma.

4. Mal edinme hırsı. Mal edinme hırsı ve bütün gücünü mal edinmek için harcama ve onun etrafında yoğunlaşma, kalbi mal gelişi ve elde edildiği maddelerle meşgul olmak, insanı çıkılmaz bir gaflete sürükler ve ölüm sonrasına hazırlığı unutturur.

5. Gaflet ve cehalet. Gaflet ve cehalet (dalgınlık ve bilgisizlik) kişiyi haram olan isteklerle sevinmeye sürükler. Bu sevinç günahı hırsla istemenin bir kanıtıdır. Kime isyan ettiğini ve akıbetinin ne kadar berbat olacağını bilmediği gibi tehlikesinin büyüklüğünü de düşünemez.

6. Günahı küçümsemek. Günahı küçümseme Allah'tan (c.c.) korkmamaya sebep olur.

Tevbe Edenin Sadık Olduğunun Alametleri

Kendisiyle, mağfiret ve kabul ümit edilen, tevbenin fiilî varlığını gerçekleştiren ve onun pratikte tercümanı olan ameller yapılmadıkça dille tevbe ettim demekle, tevbede sıdka delil olamaz. Pratikte tevbeyi gerçekleştirmediği müddetçe, onun, tevbe ettim sözüyle yetinilmez, ta ki, o sözü fiili olarak destekleyen ameller yapılıncaya dek!...

Tevbe edenin Doğruluğuna Delalet Eden İşaretler

1. Amelî olarak günahtan vazgeçmek. Fiilî olarak günahtan vazgeçerken ona mukabil fiili olarak itaat etmek, bu da kalbin hassas olduğunun delilidir. Günahtan şuurlu bir şekilde silkelenmek ve tevbeyi çok istemek.

2. Kaçırdığı, yapamadığı farzları tedarik etmek için niyet etmek, azmetmek ve çabalamak. Geleceğini salih amellerle düzeltmek. Daha önce yerine getiremediği farzları kaza eder, eğer, bir kul hakkı varsa onu telafi eder. Yok, cezayı gerektirmeyen bir hata (günah) ise üzülür, tevbe eder, böylece onu da telafi etmiş olur. Bu da Allahu Teâlâ'yı kalbimizle ta'zim ettiğimizin delilidir. Kişinin O'ndan korktuğunun delilidir ve sadece O'ndan ümit ettiğine delildir. Ayrıca Allah'ın katında olan nimetleri arzuladığına işarettir.

3. Yeryüzünün ona dar gelmesi. Kab b. Malik ve arkadaşları gibi. Onu öyle bir üzüntü ve ağlamak tuttu ki, kendisini, gülmekten ve nefsi arzularından alıkoymuştu.

4. Tevbe ettikten sonra durumu, tevbe etmeden önceki durumundan daha hayırlı olması.

5. Allahu Teâlâ'dan imtihan için gelen musibetlerden göz açıp kapama kadar dahi olsa kendini güvende hissetmemek.

Böylece her zaman korku (ve ümit) arası yaşamış olur. Hayatının sonuna kadar bu hal üzerine devam eder Allahu Teâlâ'nın şu sözünü hiç unutmaz: "*Şüphesiz ki Rabbimiz Allah'tır deyip, sonra dosdoğru yolda yürüyenlerin üzerine melekler iner. Onlara korkmayın, üzülmeyin, size vaad olunan cennetle sevinin derler.*"[22]

6. Pişmanlıkla içinin yanması. Kaçırdığı farzlardan ve kötü akıbetten dolayı korkmak, üzülmek ve pişmanlıktan kalbi parçalanmak.

7. Her an Rabbiyle karşılaşabileceğini (ölümü) düşünmesi. Ölümü her an bekler gibi olmalıdır. Ölümün insana ayakkabı bağından daha yakın olduğunu bilmelidir ve onu daima hatırlamalıdır.

8. Tevbenin sadık (doğru) olduğuna en kuvvetli işaretlerden birisi de, Allahu Teâlâ, Peygamber (s.a.v.) ve mü'minlerin sevgisi ve bu sevgiyi pekiştiren ameller yapmasıdır.

---

22 Fussilet, 30

GENEL VE ÖZEL TEVBE

İnsan, herhangi bir günah ya da belli bir günah yapabilir, ondan tevbe eder. Genel olarak, tevbe edip bütün günahlardan ve Allah'ın hoş görmediklerinden vazgeçmeye niyet edebilir. Pişman olup tam olarak Allah'a itaate döner.

Detaylı olarak ise,

Birinci olarak: Bir günahtan tevbe edip başka bir günahta ısrarcı olursa, uyuşturucudan tevbe edip içki içmek, ya da bir kadınla zina etmekten tevbe edip başka bir kadınla zina etmek gibi... Bu durumda yapılan tevbe sahih (geçerli) değildir. Çünkü o gerçek mânâda tevbe etmemiş; bilakis bir çeşitten başka bir çeşide geçmiş oluyor. Bu, tevbenin kapsamına girmez.

İkinci olarak: Bir günahtan tevbe ederken, onunla alakalı olmayan ve aynı çeşitten olmayan başka bir günah işlemek. Öldürmek ve yetim malı yemekten tevbe edip içki içmeyi sürdürmek, kötü fiilleri yapmak gibi... İşte bu özel tevbedir. Bu çeşit tevbe sahih (geçerli)tir. Bu şartla terk edilen yapılacak amelin sıhhat şartı olmamalıdır. İmanın diğer amellerde kabul şartı olması gibi. Allahu Teâlâ'nın buyurduğu üzere: *"Kim de âhireti diler ve mü'min olarak kendine yaraşır bir çaba ile o gün için çalışırsa, işte bunların çalışmaları makbuldur."*[23]

Ama tevbe etmediği günaha hâlâ devam ettiğinde, o hal

---

23 İsra, 19

üzerine, tevbe etmeyene kadar günahkârdır. Bu da gösteriyor ki, her günahın kendine has bir tevbesi vardır. O farzdır, diğer günahtan ettiği tevbeyle alakalı değildir. Bir günahın diğer bir günahla alakası olmadığı gibi... Mesela: Bir farzı terk edip başka birini yaparsa, yapmadığından günahlar, yaptığından sevap alır. Terk ettiği bir farz yaptığı diğer bir farzı geçersiz kılmaz. Namaz kılıp zekât verip, oruç ve haccı terk eden gibi...

Üçüncü olarak: Günah olarak gördüğü bütün fiillerden birden tevbe etmesi bu umumî (genel) tevbedir, geriye hiçbir günah bırakmaz. Bu tevbe, bütün günahları kapsar. Ama Allahu Teâlâ'nın emirlerini yapmak ve nehyettiklerinden sakınmak şartıyla... Büyük olsun küçük olsun, yapmadıklarından ya da ihmal ettiklerinden pişmanlık duymakla. Aynı zamanda tevbenin diğer şartlarının da yerine getirilmiş olması lazımdır.

Kâmil Tevbe

Tevbe, her mükellefe vacip olduğundan kâmil olmalı ve bütün günahları kuşatıp kapsamalıdır. Öyle ki, hiçbir günah kapsam dışında kalmamalı ve eserini kalpten silmediği hiçbir günah bırakmamalıdır. Gündüz aydınlığının gece karanlığını sildiği gibi. Öyle bir tevbe ki, iradesini ve azmini toplayıp acilen günahtan vazgeçip, ömrünün sonuna kadar devam ettirebileceği bir tevbeye azmetmek. Sütün memeye dönmediği gibi, o da günaha dönmeyecek diye kendi kendine söz vermelidir. Pişmanlıkla başlayıp salih amel ve itaatle biten bir tevbe. Kalbi onunla hatırlatıp günahın çamuru ve tortularından kurtaran bir tevbe ve hiçbir zaman günaha dönmemeye teşvik edecek bir tevbe. Allahn rızası için günahtan vazgeçmek, sağlığını ve malını korumak gayesiyle değil. Şans için, dünya malına hırs için ya da birisinin cezalandırmasından ya da kanun kuvvetinden korkmak, yardımcı bulamayacağından dolayı değil de sadece Allah (c.c.) ve Resûlünü kızdırmamak için günahı terk etmek.

Bütün günahları kapsaması, yoksa bir günahtan tevbe edip bir diğerinde ısrar etmesi olmaz. Günahta devam eden kişinin tevbesi kabul olmaz. Nefis, günah lezzetine istekli olduğu zaman nadiren hayırlı işlerde saf -halis- olur. Şehvetle kirlenen kalp, günaha tutulmuş ve kalbin her tarafını sarmış ise, salih amellerde ihlâslı olması mümkün değildir. Kul, kötü amelleri terk etmekle meşgul olurken, onları terk etmesi kulu, salih amellere kendiliğinden iter. Kul, yalandan dolayı tevbe ettiği zaman zina ya da kibirlenmeye devam etmesi doğru değildir. Halbuki bundan tevbe ettiğinden, diğerlerinden de geriye çekilmelidir. Ta ki bütün şer köklerini kalbinden söküp atsın.

Sonra, bilmesin ki -Allahu Teâlâ seni ve beni hayra irşad etsin-, insanın her azası için bir tevbe vardır. Gözün tevbesi onu harama bakmaktan korumak, elin tevbesi onu haram almaktan alıkoymak, kulağın tevbesi onu haram işitmekten alıkoymak, fercin tevbesi ise onu zinadan korumaktır vs.

Kulun kaçırdığı farzları tedarik etmesi, kaçırdığı her farzı eda etmesi, hakkı kalanlara haklarını iade etmesidir. Günah ve haramlarda kullandığı bedenini Allah'a (c.c.) itaatle meşgul etmesi gerekir. Emirlerini tutmalı, helal kazançtan yemeli, şüpheli yerlerden uzaklaşmalıdır.

Ey Allah'ım, sadık bir tevbe, tam bir dönüş, kabul edilen salih amel istiyoruz, ey âlemlerin Rabbi.

TEVBEYİ BOZAN ŞEYLER

Tevbe, öyle bir konumdadır ki, kulun hayata başladığı anda başlar, hayatının sonuna kadar onunla beraberdir. Daha önce beyan edildiği gibi... Eğer tevbe eden, niyet ve kasdını birleştirip nasûh bir tevbe ile tevbe ettiyse, sütün memeye dönmediği gibi, o da günaha dönmek. Eğer günaha döner, tekrar ederse, tevbesini bozmuş olur. Çünkü tevbenin sıhhati onda devamlı olma şartına bağlıdır. Eğer isan, bir günahtan tevbe eder, sonra tekrarlarsa, tevbesini bozmuş olur, o günaha döndüğünden dolayı. Fakat bir günahtan tevbe etse, sonra tekrarlarsa, daha önce tevbe ettiği günahtan dolayı cezaya müstahak olur mu? Yani hem ilk hem de daha sonra işlediği günahtan dolayı ceza alır mı? Eğer ısrar ederek ölürse ya da o tevbe tamamen geçersiz olduysa, onun günahı ona dönmez, ancak son işlediği günahtan mesul olur.

Diyorum ki: Doğru olan, tevbe ettiği günahtan tevbesini bozsa da onun günahı ona dönmez. Çünkü tevbe etmekle o günahı işlememiş gibi oluyor. Sanki o günah yokmuş gibi, bundan dolayı önceden işlediği kötü fiilin günahı olmaz. Öncekinden dolayı değil, yeni işlediğinden günah alır. Çünkü tevbe güzel bir başlangıçtır. Günaha dönüş ise kötüdür. Dolayısıyla o günaha tekrar dönmesi, bu iyiliği geçersiz kılmaz. Son günah kendisiyle birlikte yapılan sevapları geçersiz kılmaz.

Tevbe Edenlerin Dereceleri

Tevbe edenlerin dereceleri, hallerindeki değişiklik ve amellerindeki farklılığa bağlı olarak değişir. Ömrünün sonuna kadar tevbelerinde doğru yolu takip edenlerin, bağlılıklarının derecesi dört kategoridir.

Birinci Derece:

Tevbelerinde ömürleri boyunca dosdoğrudurlar. Hiçbir zaman içlerinden o günaha dönmeyi geçirmezler ve ona yaklaşmazlar. Bunlar nefsi mutmainne[24] sahibi kişilerdir. Onlar tevbenin en yüksek makamındadırlar. Çünkü onlar dosdoğru yolu tuttular. Emirlerini yerine getirmek, yasakladıklarından da kaçınarak... Bütün günahlardan ve Rablerinin razı olmadığı ahlaktan soyutlandılar. Bu, tevbe edenlerin en yüksek derecesidir.

İkinci Derece:

Doğru yolu tutanlar ve hayatları boyunca tevbeye devam edenler ancak nefislerinin onlara güzelleştirdiği ve çekici kıldığı günahları düşünmekten ayrılamazlar, ne zaman günah işlemek için niyet etseler, nefislerini kınar ve azimlerini yenileyip, ne diye bu kötülüğü yaptım diye pişman olur ve ne diye çok hayır amel işlemedim, der. Bu da yüksek bir derecedir, tabii ki birinci derece kadar değil. Tevbe edenlerin çoğu bu kategoridedir.

Üçüncü Derece:

Tevbelerinde belli bir zaman devam edip şehvetleri onlara galip gelip, daha sonra günaha meyledenler. İyi ve kötü amelleri birbirine karıştırıyorlar, bununla beraber nefislerini yaptıkları aşırılıktan azarlayıp, yaptıklarından pişman olup nefisleri-

24 Nefs-i mutmainne: İyiliği kötülükten ayır ettirerek insanlık vazifesini tanıttıran ve vicdanına rahatlık veren hal. İnsanı Allah'a yakınlaştıran hal.

ne galip geliyorlar. Fakat fazla hayalci olmaları ve daha sonra tevbe ederim mantığı onları tevbede geciktiriyor. Bunlar büyük bir tehlikedeler. Olur ki tevbe etmeden ecelleri gelir ve tevbeye zaman kalmadan ya da tevbenin kabul olmayacağı zamanda tevbe ederler. Fakat faydasızdır bu tevbe, böylece ölürler.

Dördüncü Derece:

Bir müddet tevbe edip sonra nefs-i emmare[25] onları bedeni istek ve duygularına kaptırıp, şehvetleri onları sarıp nefisleri günahlara meyledenler. Tevbe etmeden bu günahlara düştüler. Akıbetlerinden gafil bir şekilde nefsin hevasına tâbi olmalarından dolayı akıbetlerinden korkulur.

Akıllı ve nasipli -şanslı- kişi: Haddini aşmadan günahı kontrol altına alır ve nefsini Rabbine itaate çevirir. Doğru yola döner, Kur'an-ı Kerim'in nuru ve Peygamber'e bağlanarak hidayet bulur.

Ey Rabbimiz! Bizi temizle ve takvalı kıl. Çünkü temizleyenlerin en hayırlısısın, sen onun vekili ve Mevla'sısın. Ey Rabbimiz! Kendimize zulmettik, eğer bizi affetmez ve rahmet etmezsen hüsrana uğrayanlardan oluruz.

Ey Rabbimiz! Afv ve rahmet et. Bildiklerinden bize aldırma, sen daha kudretlisin ve en çok ikram edensin. Bilen sensin, senden başkası bilemez. Salât ve selâm yüce Peygamberimiz (s.a.v.) ailesine, ashabına ve tüm ümmetin üzerine olsun.

---

25 Nefs-i emmare: İnsanın çirkin işlere ve şeytanın teşviklerine itirazsız ve mücadelesiz tâbi olması hali.

TEVBE ETMEK İSTİYORUM AMA NASIL?

Hamd Allah'adır. O'na hamd eder, O'ndan yardım isteriz. Allah kime hidayet ederse, onu kimse saptıramaz, kimi de saptırırsa, ona da kimse hidayet edemez. Ben şehâdet ederim ki, tek olan Allah'tan başka ilâh yoktur, Muhammed de O'nun kulu ve Resûlü'dür.

Hamd ve senadan sonra, şüphesiz ki, Allahu Teâlâ tüm mü'min'lere tevbeyi emretmiştir. "*Ey mü'minler! Topluca Allah'a tevbe edin ki felâha eresiniz.*"[26]

Allahu Teâlâ kullarını üçüncüsü olmaksızın tevbe edenler ve zalimler olmak üzere iki kısma ayırmıştır. "*Kim tevbe etmezse işte onlar zalimlerin ta kendileridir.*"[27] Bu zamanlar insanların birçoklarının Allah'ın dininden uzaklaştıkları zamanlardır. Bu nedenle isyanlar umumileşmiş, fesat yayılmıştır. Öyle ki günah kirleriyle kirlenmemiş neredeyse tek bir fert kalmamıştır. Allah'ın korudukları hariç...

Ancak, Allahu Teâlâ nurunu tamamlayacaktır. Bu nedenledir ki birçok kimse gaflet uykusundan uyanıyor; Allah hakkındaki kusurunu hissediyor, kusur ve günahlarından pişmanlık duyduklarından, bineklerini tevbe kandiline doğru sü-

---

26 Nur, 31
27 Hucurat, 11

rüyorlar. Diğer bir grupsa zor ve sıkıntılı hayattan bezmiştir. İşte bunlar, karanlıklardan aydınlığa bir çıkış yolu aramaktalar. Fakat bu heyetten bir topluluğun yoluna, kendilerini tevbeden alıkoyan, engel olduğunu zannettikleri bir kısım engeller çıkıyor. Bu engellerin bazısı nefisten, bazıları ise yaşanılan çevreden kaynaklanıyor. İşte böyle kimseler için, bu risaleyi, karışıklığı izah etmesi, şüpheleri açması, hükmü açıklaması ve şeytanı kovması ümidiyle yazıyorum.

Bu risale; günahları basit görmenin tehlikesini içeren bir mukaddime, tevbenin şartları, ruhî ilaçlar, Kitap ve Sünnet'ten delillerle desteklenen, tevbe edenler için fetvalar, ilim ehlinin sözleri ve bir sonuç ihtiva etmektedir. Bu sözlerle, kendime ve müslüman kardeşlerime fayda vermesini yalnızca Allah'tan isterim. Müslümanların iyi duaları veya doğru nasihatleri benim için yeterlidir. Allahu Teâlâ cümlemizin tevbelerini kabul buyursun.

Allah bana ve sana merhamet etsin. Bil ki, Allahu Teâlâ bir farz olarak tevbede ihlâslı olmayı emreder. Allahu Teâlâ: "*Ey iman edenler samimi bir tevbeyle Allah'a tevbe edin.*"[28] buyuruyor.

Allahu Teâlâ, Kiramen Katibîn melekleri yazmadan önce bize, tevbe etmemiz için bir süre vermiştir. Peygamberimiz (s.a.v.) şöyle buyuruyor: "Sol taraftaki melek, günah işleyen Müslüman bir kuldan kalemini altı saat kaldırır. Eğer pişman olur, tevbe ederse kalemi bırakır. Yoksa bir günah olarak yazar."[29] Buradaki "altı saat" bilinen astronomik saatde olabilir. Arap diline göre, gece yahut gündüzden kısa bir süre de olabilir. Allahu Teâlâ meleğin yazmasından sonra ecel gelmezden önce, tevbe etmemiz için bir süre daha vermiştir.

---

28 Tahrim, 8

29 Taberanî, Kebîr; Beyhakî, Şuabül iman, Elbânî, *Silsile el-ehadisu s-sahiha*, 1209, hasen olduğunu söyler.

Allahu Teâlâ'ya hakkıyla tazimde bulunmama, bugün ki insanların uğramış oldukları bir musibettir. Bu nedenle gece gündüz birçok günahlar işlemekteler. Bunların kimi günahları küçük saymaya müptela olmuş bu nedenle bunlardan kimini görürsün ki, kendince birtakım küçük günahları hakir görürler. Mesela şöyle derler: "Bir kez bakmanın veya mahremi olmayan yabancı bir kadınla tokalaşmanın ne zararı var ki?"

Dergi ve TV dizilerindeki haramlara bakarak eğlenmekteler. Hatta bunlardan bazıları bir konunun haramlılığını öğrendiği zaman küçümseyerek: Bunda kaç günah var? Bu büyük günah mı yoksa küçük günah mı?" Diye sorarlar. Yaşanan gerçek budur. Şimdi bu durum ile Buhârî'nin sahihinde yer alan iki haberi karşılaştır:

Enes (r.a.) der ki: "Gözlerinizde kıldan ince gördüğünüz birtakım işler yapıyorsunuz. Oysa bizler bunları Resûlullah döneminde helak edenlerden sayardık."[30]

İbn Mesûd (r.a.) da şöyle der: "Mü'min günahlarını, sanki o bir dağın altına oturmuş da dağ üstüne düşecekmiş gibi görür. Facir ise günahlarını, sanki burnunun üstüne konmuş bir sineği eliyle kovuyor gibi görür."[31]

Şimdi bu kimseler, Resûlullah'ın şu hadisini okuduklarında durumun vahametini takdir edebiliyorlar mı: "Küçük günahlardan sakının. Küçük günahların misali, bir vadide konaklayan topluluğa benzer ki, bunlardan her biri birer odun getirir. Nihayet ekmeklerini pişirecek kadar odun toplarlar. Şüphesiz ki küçük günah sahipleri ne zaman onlarla sorgu sual olunurlar, günah onları helak eder."[32]

İlim ehli der ki, küçük günah, hayanın azlığı, aldırışsızlık ve

---

30 Buhârî, Rikak, 32 (çev)

31 Buhârî, Davat, 4 (çev)

32 Sahîhu'l-câmi, 2686, 2687; Bu hadisi Ahmed rivayet eder.

onu basit görmek ve Allah korkusunu terk etmekle bazen büyük günaha dönüşür. Belki de onu büyük günah mertebesine çıkarır. Bundan dolayıdır ki işlenen küçük günah, küçük olmaktan çıkar, istiğfar da büyük günahı siler.

Durumu böyle olanlara diyoruz ki günahın küçüklüğüne değil kime isyan ettiğine bak.

Bu sözler Allah'ın izniyle, günah ve kusurlarını hisseden, sapıklıklarını umursamazlık etmeyen, yanlışlarında ısrarcı olmayan doğru kimselere fayda verecektir.

Allahu Teâlâ'nın "*Kullarıma haber ver, muhakkak ki ben Ğafur ve Rahim'im.*"[33] sözüne iman eden kimse aynı şekilde "*Muhakkak ki benim azabım elim bir azaptır.*"[34] sözüne de iman eder.

TEVBENİN ŞARTLARI VE TAMAMLAYICILARI

Tevbe kelimesi, derin anlamları olan, çok büyük bir kelimedir. Yoksa çoğu kimselerin zannettiği gibi dille söylenip de sonra günahta ısrar etmek değildir. Allahu Teâlâ'nın "*Rabbinizden istiğfar dileyip sonra Ona tevbe edin*"[35] sözünü iyice düşündüğünde görürsün ki, tevbe istiğfara ek bir durumdur.

Büyük olan işlerin bir kısım şartları vardır. Âlimler tevbe için, âyet ve hadislerden alınan birtakım şartlar sayarlar. Şimdi onlardan bazılarını zikredelim:

Biricisi: Hemen günahı terk etmek.

İkincisi: Kaçırılana pişmanlık duymak.

Üçüncüsü: Bir daha günaha dönmemeye karar vermek.

---

33 Hicr, 49
34 Hicr, 50
35 Hud, 3

Dördüncüsü: Haksızlık edilen kimselere haklarını iade etmek veya onlarla helalleşmek.

Bir kısım ilim ehli, "nasûh tevbe"[36]nin şartlarında birtakım ayrıntılar zikreder. Şimdi misalleriyle bunları arz edelim:

Birincisi: Günahı terk etmek, Allah için olup, başka Herhangi bir sebep olmayacak. Mesela; günahı işlemeye ve tekrar yapmaya imkân bulamamak veya insanların sözlerinden çekinmek, insanlar arasında duyulması, mevki ve makamına etki et-

---

36 *Nasûh tevbe*: Nasûh tevbe hakkında Elmalılı Hamdi Yazır'ın çok güzel bir açıklamasını faydalı gördüğümden hem de tercümesini yapmaya çalıştığımız tevbenin tanımını vermesi açısından buraya almak istiyorum. Elmalılı diyor ki: "Tevbe, imana dair makamların ilki, hak yolculuğunun başlangıcı, sevgiliye ulaşma kapısının anahtarıdır. Yukarıda geçtiği gibi lügatte dönmek demek olan tevbe, ıstılahta ise kabahatten, kabahat olduğu için pişmanlık duyarak vazgeçmektir. Vicdanında meydana gelen çirkinliğinden dolayı değil de bedenine, malına veya şerefine zarar verme gibi herhangi bir korku yahut ümit sebebiyle vazgeçmek, tevbe değildir. Asıl tevbe, yaptığı kabahatin bir menfaatini görse de esasen onun çirkinliğini duyup tiksinerek vazgeçmektir... Nasûh: iki anlama gelir. Birisi hâlislik ve saflık manasınadır. Nitekim mumu alınmış halis bala "aselu'n-nâsih" denir. Bu manada "nasûh" "çok halis ve temiz" demektir. Diğeri de söküğü dikmek, yırtığı yamamak sûretiyle onarıp düzeltmek anlamındadır. Nitekim elbisenin dikişine "nasahatu's-sevb" denilir. Bu manaya göre de "nasuh" "çok ıslah edici, hiçbir gedik bırakmayacak şekilde eksiklikleri düzeltip, iyi onarıcı demektir. Her iki manada dikkate alındığı zamanda nush," iyi niyet ve temiz kalp ile herkesin iyiliğini isteyerek eksiklikleri düzeltip, ıslah etmek öğüt vermek, vaaz ve nasihat etmek manasına gelir ki, "nasihat," o verilen öğüdün ismidir. Bu anlamda "nasuh" "çok iyi nasihat edicici" demektir. Önceki iki anlamda nasuh tevbenin doğrudan doğruya sıfatı olarak, "halis, ciddî, temiz bir tevbe" veya "insanın, dinini ve ahlâkını çok iyi ıslah edecek tesirli bir tevbe" anlamındadır. Üçüncü manada ise "nasuh", hakikatte tevbe eden kimsenin vasfı olup tevbeye aklî mecaz suretiyle isnad edilmiş olur. Yani bir tevbe ki, onunla tevbe eden kimse önce kendi nefsine, sonra da diğerlerine çok iyi nasihat edip düzeltmiş olacağından nefsin hakkıyla düzelmesine sebep olan o tevbesine", isim tamlaması olarak "çok iyi nasihatçının tevbesi anlamında "nasuh tevbesi" demek doğru olur... bk.Hak Dini Kur'an Dili, c.8,s,164 (çev)

mesi veya vazifesinden atılma korkusu gibi sebeplerle günahları terk edene, tevbe etmiş denilemez. Sıhhat ve kuvvetini korumak için günahı terk eden de tevbe etmiş sayılmaz. Mesela; zinayı veya fahişeliği bulaşıcı, ölümcül hastalık korkusuyla veya bedenini ve hafızasını zayıflatır korkusuyla terk eden gibi. Yine rüşveti, veren kişi rüşvetle Mücadele Heyetindendir korkusuyla almamak da böyledir, bu kimsede tevbe etmiş sayılmaz. İflas ederim korkusuyla içki ve uyuşturucuyu terk edene de tevbe etmiş denilemez. Aynı şekilde isteği dışında bir nedenle günah işlemekten aciz olanda, mesela; yalancı birisinin bir hastalık sebebiyle konuşmaktan aciz kaldığı için yalan söylememesi, cima etme özelliğini yitiren kişinin zina etmemesi, kollarını kaybeden birinin hırsızlık etmemesi.. Bunlardan hiç birisine tevbe etmiş denilemez. Bilakis bu gibiler için pişmanlık, günahı temenni etmemek ve yapamadığına üzülmemesi gerekir. Bu gibiler için Peygamberimiz: "pişmanlık tevbedir."[37] buyurmuştur.

Allahu Teâlâ temenni eden âciz bir kimseyi, iş yapan kimse gibi kabul ediyor. Peygamberimizin şu buyruğunu görmüyor musun: "Dünya ehlinin hâli dört kişinin hâline benzer: Birinci kişi, Allah'ın kendisine ilim ve mal verdiği, kimsedir, O bunlarla Allah'tan sakınır, sılayı rahim yapar ve bunlarda Allah'ın hakkını bilir. İşte derecelerin en üstünü budur. Diğer bir kul da, Allah'ın kendisine ilim verip de mal vermediği kimsedir. O doğru bir niyetle: "Eğer Allah bana mal verseydi falan (malını hayır da harcayan) kişi gibi ben de amel ederdim." der. Bu kişi de niyetine göre ecir alır. Bu iki kişinin sevapları eşittir. (Üçüncü) kul da Allah kendisine mal vermiş, ilim vermemiş kimsedir. Malını ilimsizce harcar, malında Allah'tan sakınmaz, sılayı rahim yapmaz, o malda Allah'ın hakkını da bilmez. İşte buda en kötü derecedir. Diğer(dördüncü) bir kulda, Allah kendisine ilimde, malda vermediği şöyle der: "Eğer malım olsaydı o malla (ma-

37 Ahmed, İbn Mace, Sahîhu'l-câmi, 6802

lıyla günah işleyen) falan kimse gibi yapardım. Bu da niyetine göre günah alır. Her ikisinin günahları ortaktır."[38]

İkincisi: Günahın çirkinliğini ve zararını hissetmektir.

Yani sahih bir tevbede, geçmişte işlenen bir günah hatırlandığı zaman lezzet ve sevinç duygusunun olmaması ve gelecekte de o günaha dönme temennisinin bulunmamasıdır.

İbn Kayyim, "ed-Dâu ve'd-Devâu" ile "el-Fevaid" isimli kitaplarında günahların birçok zararını anlatır. Onlardan bazıları şunlardır:

İlimden mahrum olmak, kalpte soğukluk, işlerin zorlaşması, bedenin zayıflaması, Allah'a itaatten mahrum olmak, bereketin yok olması, başarının azlığı, göğsün daralması, kötülüklerin üremesi, günahlara alışmak, Allah katında günahkârın değersizliği, insanlar yanında değersizliği, hayvanların günahkârı lanetlemesi, zillete bürünmek, kalbin mühürlenmesi, lanet altına girmek, duanın kabul edilmemesi, karada ve denizde bozulma, kıskançlığın yok olması, hayânın gitmesi, nimetin yok olması, felaketlerin inmesi, günahkârın kalbinde korkunun olması, şeytanın esaretine düşmek, kötü bir ölüm ve âhiret azabı.

Günahların zararlarını bilmek, insanı günahlardan tamamen uzaklaştırır. İnsanlardan bazıları çeşitli sebeplerden dolayı bazı günahlardan vazgeçer, başka günahlara yönelir. Günah işlemenin sebeplerinden bazıları şunlardır:

* Yöneldiği günahın daha hafif olduğu inancı.

* O günaha nefsin daha çok meyletmesi, ona şehvetin daha kuvvetli oluşu.

* Hazırlık ve donanıma ihtiyaç bulunan günahların aksine işleyeceği günahın ortamının diğerlerinden daha kolay olması, sebeplerinin hazır ve yeterli olması.

38 Ahmed ve Tirmizî rivayet etmiş. *Sahîhu Terğib ve Terhib*'de sahih demiştir.

* Arkadaşlarının ve ortaklarının o günahı işliyor olması, kişinin de onlardan ayrılmasının zorluğu.

* Kişiye, belli bir günah, arkadaşları arasında mevki ve makam kazandırmıştır. Konumunu kaybetmek nefsine zor gelir; bundan dolayı günaha devam eder. Bu durum şer ve fesat çetelerinin önderlerinde olur. Şair vaiz Ebû Atahiye, günahlara dalmasından dolayı utanmaz şair Ebû Nuvvas'a nasihatte bulunup azarladığında Ebû Nuvvas'ın söyledikleri bu kabil günahlardandır.

Ey Ebû Atahiye şu eğlenceleri terk eden mi sandın beni
Toplum içinde ibadetle mevkimi bozan mı sandın beni

Üçüncüsü: Kulun derhal tevbeye koşmasıdır. İşte bu sebepledir ki tevbenin geciktirilmesi de tevbeye muhtaç bir günahtır.

Dördüncüsü: Tevbesinde eksiklik olmasından korkması, kabul edildiğine kesin karar vermemesidir. Bu sebeple nefsine meyledip de Allah'ın tuzağından emin olmaması da nasûh tevbenin şartlarındandır.

Beşincisi: Mümkünse Allah'ın haklarını telafi etmesidir. Vermemiş olduğu zekâtı varsa, onu vermesi bu türdendir. Aynı şekilde bunda fakirin hakkı da vardır.

Altıncısı: Eğer o yerde bulunması, bir kez daha onu günaha düşürecekse, günah işlediği o yerden ayrılmasıdır.

Yedincisi: Günah kendisine yardım edenlerden ayrılmasıdır. Bu ve yukarıdaki şartlar ileride gelecek olan yüz kişinin katili hadisinden elde edilmiş derslerdir.

Allahu Teâlâ "*O gün dostlar birbirine düşmandır. Ancak müttakiler hariç.*"[39] buyurur. Kötü arkadaşlar kıyamet günü birbirine lanet edeceklerdir. Bu sebeple, ey tevbekâr! Eğer onları hakka çağırmaya gücün yetmiyorsa, sana gereken onlardan ayrılmak, onları terk etmek, onlarla ilişkilerini kesmek ve onlardan sakınmaktır. Sen zayıf olup onlara karşı koyabilecek güçte değilken, sakın ha şeytan, onları davet etmek bahanesini süsleyerek seni onların yanına sürüklemesin. Geçmişteki arkadaşlarıyla yeniden ilişki kuran birtakım şahısların günahlara döndükleri birçok durum vardır.

Sekizincisi: İçki, ud ve nefesli çalgı aletleri, resimler, haram filmler, hayâsız hikâyeler ve heykeller gibi yanında bulunan haramları yok etmektir. İşte böylece bunların kırılması, yakılması veya yok edilmesi gereklidir.

Tevbekârın istikamet eşiğinde tüm cahilî elbiselerden soyunması gerekir. Haramları çağrıştıran nice hikâyeler vardır ki, tevbekârların tevbelerinden dönmelerine, hidayetten sonra sapıklığa düşmelerine sebep olmuştur. Allah'tan sebat isteriz.

Dokuzuncusu: Kötü arkadaşların yerine kendisine yardım edecek salih arkadaşlar seçmek, zikir halkalarına, ilim meclislerine katılmaya gayret etmek, şeytan boşluk bulup da geçmişini hatırlatmasın diye faydalı işlerle zamanını doldurmaktır.

Onuncusu: Haramlarla gelişmiş bedenine yönelip, gücünü Allah'a itaatte kullanmaktır. Tertemiz bir bedene sahip oluncaya dek helalleri elde etmeye çalışmaktır.

On birincisi: Tevbeyi gargaradan ve güneş battığı yerden doğmadan önce yapmaktır. Gargaradan maksat; ruh çekilirken boğazdan çıkan sestir. Yani tevbenin, Peygamberimizin sözüne göre, küçük ve büyük kıyametten önce yapılmasıdır: "Kim can boğaza gelmeden önce Allah'a tevbe ederse, Allah onun tevbe-

39 Zuhruf, 67

sini kabul eder."[40] "Kim güneş battığı yerden doğmadan önce tevbe ederse, Allah tevbesini kabul eder."[41]

BÜYÜK TEVBE

Burada Resûlullah'ın (s.a.v.) sahâbesi olan bu ümmetin ilk cemaatinden tevbe örneklerini hatırlayalım:

Büreyde (r.a.)'den şöyle rivayet edilmiştir: "el-Eslemî kabilesinden Mâiz bin Malik Resûlullah'a gelerek: "Ey Allah'ın Resûlü! Ben nefsime zulmettim ve zina ettim. Beni temizlemenizi istiyorum!" dedi. Resûlullah onun bu isteğini reddetti. Ertesi gün tekrar gelip: "Ya Resûlullah! Ben gerçekten zina ettim!" dedi. Resûlullah ikinci defa onu yine reddetti. Derken Resûlullah (s.a.v.) kavmine haber göndererek: "Bunun aklında yadırgadığınız bir kusur biliyor musunuz?" diye sordu.

"Biz onu ancak aklı başında, kendi görüşümüze göre salihlerimizden biliriz." cevabını verdiler. Mâiz üçüncü defa tekrar geldi. Resûlullah yine kavmine haber göndererek onu soruşturdu. Onlar da:

"Ne kendinde bir kusur vardır, ne de aklında" diye haber gönderdiler. Dördüncü gün gelince, onun için bir çukur kazıldı. Sonra emir buyurdu ve recmedildi."

Büreyde der ki:

"Gâmidli bir kadın gelip:

"Ya Resûlullah! Ben zina ettim, beni temizle!" dedi. Peygamberimiz onu da geri çevirdi. Ertesi gün kadın:

"Ya Resûlullah! Beni niye geri çeviriyorsun? Galiba beni de Mâiz'i geri çevirdiğin gibi çevireceksin! Vallahi ben hamileyim" dedi. Peygamberimiz:

---

40 Ahmed ve Tirmizî, *Sahîhu'l-câmi*, 6132

41 Müslim

"Olmaz, haydi doğuruncaya kadar git" buyurdu. Kadın doğurduğu zaman çocuğu bir bez parçası içinde getirdi ve: "İşte onu doğurdum." dedi. Peygamberimiz:

"Git bu çocuğu sütten kesilinceye kadar emzir." buyurdu.

Kadın onu memeden ayırdıktan sonra çocuğu, elinde bir ekmek parçası olduğu hâlde getirdi ve:

"İşte ya Resûlullah! Onu memeden ayırdım. Yemek yemeye de başladı." dedi. Bunun üzerine Peygamberimiz çocuğu müslümanlardan birine verdi. Sonra emir buyurdu, kadın için göğsüne kadar bir çukur kazıldı. İnsanlara emir verdi ve kadını recmettiler. Halid bin Velid bir taş getirerek kadının başına attı da yüzüne kan sıçradı. Bunun üzerine Halid ona sövdü. Peygamberimiz sövdüğünü işitince:

"Yavaş ol ey Halid! Nefsimi elinde tutan Allah'a yemin ederim ki, bu kadın öyle bir tevbe etti ki, onu baççı (zorla vergi alan) yapsaydı mutlaka mağfiret olunurdu. Sonra kadının cesedinin getirilmesini emrederek cenaze namazını kıldı. Ardından kadın defnedildi.[42]

Başka bir rivayette ise Hz. Ömer:

"Onu recmettirip sonra namazını mı kılacaksınız?" dedi. Peygamberimiz: "Gerçekten o öyle bir tevbe etti ki, bu tevbe Medinelilerden yetmiş kişi arasında taksim edilse, onlara yeterdi. Sen Allah için canını vermekten daha faziletli bir tevbe gördün mü?" buyurdu.[43]

* * *

42 Müslim, Hudud, 1695

43 Abdürrezzak, *Musannef*, 7/325

TEVBE GEÇMİŞİ SİLER

Bazen kimileri şöyle der: "Tevbe etmek istiyorum, ancak tevbe ettiğimde Allah'ın beni bağışlayacağını kim garanti edebilir? Ben doğru yola girmek istiyorum, ancak tereddütlerim var. Bilsem ki, Allah beni bağışlayacak, tevbe ederdim."

Böyle kimselere diyorum ki, sizin bu hissettiklerinizi sizlerden önce Resûlullah'ın ashabı da hissediyordu. Eğer şu iki rivayeti iyice düşünürseniz emin olun ki sizlerdeki bu duygular Allah'ın izniyle yok olacaktır.

* Amr b. Âs'ın müslüman oluşunu anlattığı kıssada İmam Müslim şu rivayette bulunur: "Allah müslüman olmamı kalbime koyunca, Resûlullah'a gelip, sağ elini uzat sana biat edeyim." dedim. Hemen sağ elini uzattı. Ben elimi çektim. Bana:

"Sana ne oluyor ey Amr?" dedi.

"Ben size bir şart koşmak istiyorum." dedim.

"Neyi şart koşmak istiyorsun," buyurdu.

"Allah'ın beni bağışlamasını," dedim.

Hz. Peygamber (s.a.v.): "Bilmiyor musun ki ey Amr, İslâm, kendinden önceki günahları yok eder. Hicret de öncesini yok eder. Hac da öncesini yok eder." buyurdular.[44]

* İmam Müslim'in İbn Abbas'tan yaptığı rivayete göre[45], müşriklerden birtakım kimseler, cinayetler işlemişler ve bunda çok ileri gitmişlerdi. Zina etmişler ve bunda da çok ileri gitmişlerdi. Sonra Muhammed'e (s.a.v.) gelerek: "Hakikaten senin söylediğin ve kendisine çağırdığın din çok güzel. Bize yaptıklarımıza kefâret olacak bir şey haber verirsen (müslüman oluruz)!" dediler. Bunun üzerine şu âyetler nazil oldu:

---

44 Müslim, İman, 192

45 Müslim, İman, 193

"Onlar ki Allah'la birlikte başka bir ilâha dua etmezler, Allah'ın haram kıldığı canı haksız yere öldürmezler, zina da etmezler. Her kim bunları yaparsa ağır bir cezaya uğrar."[46]

"De ki: Ey nefislerine israf eden kullarım! Allah'ın rahmetinden ümidinizi kesmeyin." [47]

46 Furkan, 68
47 Zümer, 53

ALLAH BENİ BAĞIŞLAR MI?

Diyorsun ki: "Tevbe etmek istiyorum; ancak günahlarım gerçekten de çok fazla. Fahişeliğin her çeşidini yaptım. Hayal edebileceğin ve edemeyeceğin her türlü günah işledim. Bilemiyorum, şu uzun senelerdeki işlemiş olduğum günahlarımdan dolayı Allah'ın beni bağışlaması mümkün müdür?"

Değerli kardeşim, bu, özel bir problem değil; bilakis bu, tevbe etmek isteyen birçok kişinin problemidir. Sana, bir defasında soru soran bir gencin misalini anlatayım: Bu genç, günahlara çok erken yaşlarda başlamış. Öyle ki, yaşı henüz on yedi iken günahların küçüğünden, büyüğünden değişik türleriyle fuhşiyatı küçük, büyük değişik insanlarla yapmış. Hatta küçük bir kıza bile tecavüzde bulunmuş. Birçok defa hırsızlık yapmış.

Sonra: "Allah'a tevbe ettim. Bazı geceler kalkıp teheccüd kılıyorum, pazartesi ve perşembe günleri oruç tutuyorum, sabah namazlarından sonra Kur'an okuyorum. Acaba benim için tevbe imkânı var mı?" diye soruyor.

Biz müslümanların inandığı ilke, hükümleri öğrenmede, çözüm ve tedavi de Kitap ve Sünnet'e müracaat etmektir. Kitaba döndüğümüzde Allahu Teâlâ'nın şu âyetiyle karşılaşıyoruz.

"De ki: "Ey nefislerine israf eden kullarım! Allah'ın rahmetinden ümidinizi kesmeyin. Şüphesiz ki O bütün günahları

bağışlar. Muhakkak ki O Ğafûr ve Rahîmdir. Rab'inize dönün ve O'na teslim olun."[48]

İşte bu âyet, açıklamaya bile ihtiyaç duyulmayacak kadar açıktır ve zikredilen problemin titiz ve hassas bir cevabıdır.

"*Günahlar, Allah'ın bağışlamasından daha çoktur*" düşüncesi, öncelikle kulun Allah'ın rahmetinin genişliğini bilmemesinden kaynaklanıyor.

Allah'ın tüm günahları bağışlayacak kudrette olmasına dair imanın eksikliği, ikinci sırada geliyor.

Kalbî amellerin en mühimlerinden olan "reca"nın zayıflığı, üçüncü sırada yer alıyor.

Dördüncü olarak da, tevbenin günahları silmedeki etkisini takdir edememek geliyor.

Bu Yanlış Düşünceleri Cevaplayalım:

"*Günahlar, Allah'ın bağışlamasından daha çoktur*" düşüncesine, Allahu Teâlâ'nın "*Rahmetim her şeyi kaplamıştır.*"[49] beyanı cevap olarak yeterlidir.

İkinci düşünceye, şu sahih kutsî hadis cevap olarak kâfidir: "Allahu Teâlâ, "Kim, benim günahları bağışlayacak kudrete sahip olduğumu bilirse, bana ortak koşmadığı sürece hiçbir şeye aldırmam, onu bağışlarım." buyurdu."[50] Bu, kıyamette kulun Allah'la karşılaştığı vakit olacaktır.

Üçüncü düşünceye gelince; bunu da şu kutsî hadis düzeltir. "Ey âdemoğlu! Sen bana yalvarıp ümit ettiğin sürece hiçbir şeyine aldırmam, sende olanları bağışlarım. Ey âdemoğlu! Şayet günahların semanın katına ulaşmış dahi olsa, sonra benden

---

48 Zümer, 53, 54

49 Araf, 56

50 Taberanî, *Kebîr*'de, Hâkim, *Sahîhu'l-câmi*, 4330

seni bağışlamamı istersen, seni bağışlarım, hiçbir şeye de aldırmam. Ey âdemoğlu! Şayet sen bana yeryüzü dolusu günahla gelsen, sonra da hiçbir şeyi bana ortak koşmayarak benimle karşılaşırsan, ben de sana yeryüzü dolusu mağfiretle gelirim."[51]

Dördüncü düşünceye de Resûlullah'ın şu hadisi kâfidir: "Günahtan tevbe edenin sanki hiç günahı yoktur."[52]

Yüz Kişiyi Öldüren Katilin Tevbesi

Ebû Saîd Sa'd b. Mâlik b. Sinan el-Hudrî (r.a.)'den rivayet edildiğine göre, Resûlullah (s.a.v.) şöyle buyurdu:

"Vaktiyle doksan dokuz kişiyi öldürmüş bir adam vardı. Bu zat yeryüzünde en büyük âlimin kim olduğunu soruşturdu. Ona bir râhibi gösterdiler.

Bu adam râhibe giderek:

"Doksan dokuz adam öldürdüm, tevbe etsem kabul olur mu?" diye sordu.

Râhip:

"Hayır, kabul olmaz." deyince onu da öldürdü. Böylece öldürdüğü adamların sayısını yüze tamamladı. Sonra yine yeryüzünde en büyük âlimin kim olduğunu soruşturdu. Ona bir âlimi tavsiye ettiler. Onun yanına giderek, yüz kişiyi öldürdüğünü söyledi; tevbesinin kabul olup olmayacağını sordu.

Âlim:

"Elbette kabul olur. İnsanla tevbe arasına kim girebilir ki!" Sen falan yere git, orada Allah'a ibadet eden insanlar var. Sen de onlarla birlikte Allah'a ibadet et. Sakın memleketine dönme. Çünkü orası kötü bir yerdir." dedi.

---

51 Tirmizî, Sahîhu'l-câmi, 4338

52 İbn Mâce, Sahîhu'l-câmi, 3008

Adam, denilen yere gitmek üzere yola çıktı. Yarı yola varınca eceli yetti.

Rahmet melekleriyle azap melekleri o adamı kimin alıp götüreceği konusunda tartışmaya başladılar.

Rahmet melekleri:

"O adam tevbe ederek ve kalbiyle Allah'a yönelerek yola düştü." dediler.

Azap melekleri ise:

"O adam hayatında hiç iyilik yapmadı." dediler.

Bu sırada insan kılığına girmiş bir melek çıkageldi. Melekler onu aralarında hakem tayin ettiler.

Hakem olan melek:

"Geldiği yerle gittiği yeri ölçün. Hangisine daha yakınsa, adam o tarafa aittir." dedi.

Melekler iki mesafeyi de ölçtüler. Gitmek istediği yere daha yakın olduğunu gördüler. Bunun üzerine rahmet melekleri alıp götürdüler."[53]

Sahih-i Müslim'deki bir diğer rivayete göre:

"O kimse iyi insanların yaşadığı köye bir karış daha yakın olduğundan oralı sayıldı."

Sahih-i Müslim'deki bir başka rivayete göre de:

"Allahu Teâlâ öteki köye, uzaklaşmasını; beriki köye de yaklaşmasını ve meleklere de iki mesafenin arasını ölçmelerini emretti. Adamın beriki köye bir karış daha yakın olduğu görüldü. Bunun üzerine affedildi."

Bir başka rivayette ise:

53 Buhârî, Enbiya 54; Müslim, Tevbe 46, 47, 48

"Adam göğsünün üzerinde sürünerek öteki köye doğru ilerledi." denilmektedir.

Evet; onunla tevbe arasına kim girebilir?! Ey tevbe etmek isteyen! Hâlâ günahlarını, Allah'ın tevbesini kabul ettiği bu adamın günahlarından daha mı büyük sanıyorsun? O hâlde ümitsizlik niye?!

Ey müslüman kardeşim! Tevbe etmedeki durum sadece günahların affedilmesi de değil bundan daha acayibi de var. Allahu Teâlâ'nın şu âyetini düşün:

"Onlar ki, Allah ile birlikte başka bir ilâha yalvarmazlar. Hak ile olması dışında, Allah'ın öldürmesini haram kıldığı nefsi de öldürmezler. Kim bunları işlerse, o günah(ları) ile karşılaşır. Kıyamet gününde onun azabı kat kat verilir, o azapta ebediyen hor ve hakir bir hâlde kalır. Ancak tevbe eden, iman eden ve salih amel işleyenler müstesna. İşte Allah bunların kötülüklerini iyiliklere çevirir. Allah mağfiret edicidir, rahmet edicidir."[54]

"İşte Allah bunların kötülüklerini iyiliklere çevirir." âyeti üzerinde biraz durduğumuzda, Allah'ın büyük fazlı senin için daha da belirginleşir. Âlimler demişler ki:

"Buradaki değiştirme iki kısımdır:

a) Şirkin imana, zinanın iffete, yalanın doğruluğa, hıyanetin emanete çevrilmesi gibi kötü sıfatların iyi sıfatlara çevrilmesidir.

b) İşlenmiş olan kötülüklerin kıyamet günü iyiliklere çevrilmesidir.

"Onların kötülüklerini iyiliklere çeviririz" âyetini bir düşün. Burada, her kötülüğün yerine iyilik denilmemiştir. Zira değiştirme nitelik ve niceliğine göre; daha az, eşit ve daha fazla olabilir. Bu da tevbe edenin tevbesindeki doğruluğuna ve olgunluğuna

---

54 Furkan, 68, 70

bağlıdır. Şimdi bir bak! Bundan daha büyük bir iyilik, fazilet görebilir misin? Bu ilâhî ikramın açıklaması olan şu hadise bak:

"Abdurrahman b. Cübeyr Ebû Tavil'den rivayet ediliyor: "İri yapılı bir adam Resûlullah'a geldi (başka bir rivayette: "kaşları gözlerinin üzerine sarkmış, bastonuna dayanarak gelen, yaşlı bir adam Resûlullah'ın önünde durup):

"Küçük büyük hiçbir şey bırakmayıp her türlü günahı işleyen bir adam hakkında ne dersiniz? (Başka bir rivayette: "Tüm bunları yeminiyle elde etmiş" Bir diğer rivayette: "Günahları yeryüzü halkına dağıtılsa, onları helak edecek derecede olan birine") Tevbe imkânı var mıdır?" dedi.

Resûlullah: "Sen İslâm'a girdin mi?" dedi.

Adam: "Ben şehâdet ederim ki, Allah'tan başka ilâh yoktur ve sen de O'nun resûlüsün." dedi.

Resûlullah: "Hayırları yap, kötülüklerden kaçın ki, Allah tüm bunları senin için hayır yapsın." buyurdu.

Adam: "Bozduğum sözler, hainlikler ve yaptığım tüm kötülükler de mi?" dedi.

Resûlullah: "Evet" dedi.

Adam: "Allahu ekber, Allahu ekber" diyerek gözden kaybolup gitti."[55]

Bazen tevbe eden birisi şu soruyu sorabilir: "Ben İslâm dininden çıkmış, namaz kılmaz bir sapık iken, birtakım salih amellerde bulundum. Tevbe ettikten sonra bu salih amellerimin sevabı acaba benim için yazılır mı? Yoksa bunlar boşa mı gittiler?"

---

55 Heysemî, *Mecma*; 1/36. Heysemî: "Bu hadisi Taberanî ve bir benzerini Bezzar rivayet etmiştir. Bezzar'ın senedindeki kişiler, Muhammed b. Harun Ebû Neşita -ki güvenilir kimsedir- hariç hepsi *Sahih*'in kişileridir. Münziri, *Terğîb*'de der ki: "İsnadı ceyyid kavidir." 4/113 İbn Hacer de *İsabe* de bu *Sahih*'in şartları üzeredir." 4/149

İşte sorduğun bu sorunun cevabı:

Urve b. Zübeyr'den gelen rivayete göre, Hakîm b. Hizam ona şunu haber vermiştir: "Resûlullah'a dedim ki: "Ya Resûlullah! Ben cahiliyedeyken sadaka, köle azadı ve sılayı rahim gibi iyi işler yapmıştım. Acaba bunlarda benim için bir sevap var mıdır? Bana haber verebilir misiniz?"

Resûlullah buyurdu ki: "Geçmişte işlediğin hayırlardan dolayı müslüman oldun."[56]

İşte bu günahlar bağışlanıyor, kötülükler iyiliğe çevriliyor. Tevbe ettikten sonra, İslâm'dan önceki hayatta yapılan iyilikler iyilik sahibi için geçerlidir. Öyleyse geriye ne kalıyor?

GÜNAH İŞLEDİĞİMDE NASIL DAVRANAYIM?

Diyorsun ki: "Günaha düştüğümde, hemen nasıl tevbe edeyim? Günah işledikten sonra derhal yapmam gereken bir iş var mıdır?"

Cevap: Günahın terk edilmesinden sonra iki amel gereklidir:

Birincisi: Kalbin pişmanlık ve günaha dönmeme kararlığıyla amelde bulunması. Bu da Allah korkusundan dolayı kalpte oluşur.

İkincisi: Değişik iyilikler yaparak, organların amelidir. İyiliklerden biri de "tevbe namazı"dır. Ebû Bekre şöyle der: "Resûlullah'ı şöyle derken dinledim: "Herhangi bir günah işleyip de sonra kalkıp abdest alıp, iki rekât namaz kılan, ardında da Allah'tan bağışlamasını isteyen herkesi muhakkak ki Allah bağışlar."[57] Sonra şu âyeti okudu: *"Ve onlar çirkin bir günah işledikleri yahut nefislerine zulmettikleri vakit Allah'ı hatırlayarak*

---

56 Buhârî, Zekat; Müslim, İman 194, 195, 196

57 Sünen sahipleri rivayet etmiştir. *Sahîhu Terğîb*, 1/284

hemen günahları için bağışlanma dileyenlerdir. Zaten günahları Allah'tan başka kim bağışlar ki? Bir de işledikleri (günah) üzerinde bilip durdukları hâlde ısrar etmeyenlerdir."[58] Başka sahih rivayetlerde günahların kefâreti olan iki rekât namazın değişik nitelikleri rivayet edilmiştir.

Onların özeti şöyledir:

1) "*Abdest alan ve onu güzel yapan hiçbir kimse yoktur ki,*"

Çünkü günahlar, yıkanan azalardan su veya suyun son damlasıyla dökülürler.

Abdestin güzel alınması, öncesinde besmele çekmek, sonrasında ise şu zikirleri yapmakla olur. "Ben şehâdet ederim ki, tek olan Allah'tan başka hiçbir ilâh yoktur. O'nun ortağı da yoktur. Ve ben şehâdet ederim ki, Muhammed O'nun kulu ve resûlüdür. Ey Allah'ım! Beni tevbe eden ve temizlenenlerden eyle. Ey Allah'ım! Seni hamd ile tesbih eder, senden başka ilâh olmadığına şehâdet ederim. Senden bağışlanma ister ve sana tevbe ederim."

2) "*Kalkar ve iki rekât namaz kılar.*"

3) "*Kendilerinde yanılmadığı iki rekât (namaz kılar).*"

4) "*Onlarda nefsiyle konuşmadığı (iki rekât namaz kılar).*"

5) "*Zikri ve huşûyu güzel yaptığı (iki rekât namaz kılar)*

6) "*Sonra Allah'tan bağışlanma ister.*"

7) "*Sonuçta geçmiş günahları bağışlanır.*"

8) "*Başkası değil; ona ancak cennet vacip olur.*"[59]

Tevbe ettikten sonra iyilikleri ve itaatleri çoğaltmak gere-

58 Âl-i İmrân, 135
59 *Sahîhu Terğîb*, 1/94, 95

kir. Görmüyor musun ki, Hz. Ömer, Hudeybiye gazvesinde Resûlullah'la münakaşa etmenin hata olduğunu hissedince şöyle der: "Günahıma kefâret olması için bu olaydan sonra birçok salih amel işledim."

Şu sahih hadiste geçen benzetmeyi incele. Resûlullah (s.a.v.) diyor ki:

"Kötülük işleyip de sonrasında iyilik yapan kişinin durumu, üzerinde kendisini boğan dar bir zırh bulunan bir adama benzer. Sonra bir iyilik yapar ve bu nedenle halkalardan biri çözülür. Ardından bir tane daha yapar ve çözülür. Nihayet tamamen halkalardan kurtulur."[60] İyilikler günahkârı günah hapishanesinden kurtarır ve onu geniş olan itaat âlemine çıkarır.

Ey kardeşim! İşte şu ibretli kıssa yukarıdan beri geçenlerin sana bir özeti mahiyetindedir. İbn Mes'ûd dedi ki: "Bir adam gelerek Resûlullah'a: "Ey Allah'ın Resûlü! Bahçede bir kadınla karşılaştım, ona her şey yaptım; ancak cinsel ilişkide bulunmadım. Onu öptüm, ona sarıldım; bundan başkasını yapmadım. Bana dilediğini yap." dedi. Resûlullah ona bir şey demedi, adam da gitti. Ömer dedi ki: "Keşke kendisini örtseydi, zira muhakkak ki Allah onu örtmüştü." Resûlullah gözüyle adamı izliyordu, sonra: "Onu bana getirin." dedi. Hemen onu getirdiler. Ona şu âyeti okudu:

"*Gündüzün iki tarafında ve geceye yakın saatlerde namaz kıl; çünkü iyilikler, kötülükleri giderir. Bu ibret alanlara bir öğüttür.*"[61] Muâz, Ömer'in rivayetinde şöyle dedi: "Ey Allah'ın Resûlü! (Bu hüküm) sadece bunun için mi, yoksa tüm insanlar için mi?" Peygamberimiz (s.a.v.): "Bilakis tüm insanlar için umumidir."[62] buyurdu.

---

60 Taberanî, *Kebîr*, *Sahîhu'l-câmi*, 2192
61 Hud, 114
62 Müslim, Tevbe, 42; Tirmizî, Tefsir, 3314

KÖTÜLER PEŞİMİ BIRAKMIYORLAR

"Tevbe etmek istiyorum; ancak kötü arkadaşlarım her yerde bana saldırıyorlar. Bendeki değişimi öğrendiklerinde her yönden bana hücum ediyorlar. Ben de zayıf olduğumu hissediyorum ne yapayım?"

Sana sabretmeni söylüyorum. Çünkü bu, doğrularla yalancıların, pisle temizin ayırt edilmesi için uygulanan, Allah'ın ihlâslı kullarına karşı değişmeyen bir imtihanıdır.

Yolun başına ayağını koyduğun sürece sebat et. Bunlar, seni topukların üzere geri çevirmek için birbirlerine fısıldayan, insanlardan ve cinlerden olan şeytanlardır. Sakın onlara itaat etme. Bunlar sana işin başında: "Bu sende kalıcı olmayan geçici bir hevestir, geçici bir krizdir." derler. Hayret! Bunların bazıları yeni tevbe etmiş arkadaşına diyor ki: "Ümit ederim ki, bu bir şerdir!"

Hayret! Yeni tevbe etmiş ve günahlarını arttırmak istemeyen biri, bunlardan birinin suratına telefonu kapatıyor. Birkaç gün sonra telefon açıp şöyle diyor: "Ümit ederim ki, bu vesvese senden gider."

Allahu Teâlâ şöyle buyuruyor:

"De ki: "Sığınırım ben, insanların Rabbine, insanların padişahına, insanların ilâhına. O sinsi vesvesecinin şerrinden. O ki, insanların göğüslerine fısıldar. Gerek cinlerden, gerek insanlardan."[63]

Rabbin mi yoksa kötü arkadaşların mı itaat edilmeye daha layık?

Şunu bilmen gerekir ki, her yerde onlar sana saldıracaktır, her vesileyle seni sapıklığa döndürmek için uğraşacaklar. Birisi bana şöyle bir şey anlattı: "Kendisi tevbe ettikten sonra onun

63 Nâs, 1, 6

kötü arkadaşı, mescide giderken, onun peşinden gidip çağırması için şoförünü görevlendirmiş."

İşte sana lazım olan şudur: *"Allah inananları, dünya hayatında da, âhirette de sağlam sözde tesbit eder."*[64] Sana geçmişini hatırlatmaya çalışacaklar, anılarla, aracılarla, resimlerle, mektuplarla, her türlü yolla geçmiş günahlarını süsleyecekler. Sakın onlara itaat etme, seni fitneye düşürmelerinden sakın. Büyük sahâbî Ka'b b. Malik'in kıssasını hatırla: Hani Resûlullah (s.a.v.) Tebük gazvesinden geri kaldığı için tüm sahâbeye onunla ilişkilerini kesmelerini emrettiği zaman, kâfir Gassan kralı ona şöyle bir mektup göndermişti: "Duyduğuma göre arkadaşın sana cefa ediyormuş. Allah seni zayi olup hakaret göreceğin bir yerde bırakmamıştır. Bize katıl, sana yardım edelim." Kâfir, müslümanın gönlünü kazanıp, onun Medine'den çıkmasını, küfür yurdunda yok olmasını istiyordu.

Bu büyük sahâbînin tavrı neydi? Ka'b diyor ki: "Mektubu okuduğumda dedim ki, bu da bir imtihandır. Sonra o mektubu fırına atıp yaktım."

Ey müslüman! Kötülerin sana gönderdiklerine sen de böyle yap, onları yak, kül et. Onu âhiret ateşinin yaktığını düşün: *"Sabret, Allah'ın vaadi haktır. İnanmayanlar seni telaşa düşürmesin."*[65]

KÖTÜLER BENİ TEHDİT EDİYORLAR

"Tevbe etmek istiyorum; ancak eski arkadaşlarım, kabahatlerimi insanlar arasında açığa vurmakla, sırlarımı topluma yaymakla beni tehdit ediyorlar. Onların elinde resimler, vesikalar var. Bense bunları insanların duymasından çekiniyorum, gerçekten korkuyorum."

---

64 İbrahim, 27
65 Rum, 60

Bil ki, eğer sen onlarla birlikte olur, onlara boyun eğersen, senden daha fazla belge alırlar. Bu sebeple başında da sonunda da sen kaybedenlerden olursun. Sen onlara itaat etme, onlara karşı Allah'tan yardım iste ve de ki: "Allah bana yeter! O ne güzel vekildir." Peygamberimiz (s.a.v.) de bir toplumdan korktuğunda şöyle derdi:

"Allah'ım! Seni onların karşısına koyuyor ve onların şerrinden sana sığınıyoruz."[66]

Durumun zor olduğu doğrudur. Şu miskin tevbekârı telefonla arayıp tehdit eden kötü arkadaşı: "Konuşmanı banda aldım, yanımda resimler de var. Eğer benimle çıkmayı kabul etmezsen, ailenin yanında seni rezil ederim." diyor. Evet, bu gerçekten kötü bir durum.

Kadın olsun erkek olsun ses sanatçıları ile sinema oyuncularından tevbe etmiş olanlara karşı, şeytanın dostlarının savaşına bir bak! Şeytan taraftarları, bu kişilerin tevbe etmeden önceki en kötü eserlerini, baskı ve psikolojik harp için piyasalara sürerler. Ancak Allah müttakilerle ve tevbe edenlerle beraberdir. O mü'minlerin dostudur. Onları terk edip düşman eline bırakmaz. Allah'a sığınan bir kul kesinlikle kaybetmez, hüsrana uğramaz. Bil ki, kolaylık zorlukla beraberdir. Ve zorluktan sonra mutlaka bir kolaylık vardır.

Ey tevbe eden kardeşim! Sana söylediklerime apaçık bir şahit olarak şu etkileyici kıssayı dinle.

Bu, büyük sahâbî Mersed b. Ebû Mersed el-Ğanevî el-Fedaî'nin kıssası. Bu sahâbî Mekke'deki zayıf müslümanları gizlice Medine'ye kaçırıyordu:

"Mersed b. Ebû Mersed denen bir adam vardı. Bu zat Mekke'deki müslüman esirleri Medine'ye götürüyordu. Mersed

66 Ahmed; Ebû Davud, Vitr, 1534; *Sahîhul-câmi*, 4582

diyor ki: "Mekke'de kendisinin dostu olan Anaka adında fahişe bir kadın vardı. Mersed, Mekke'den götürmek için bir esirle sözleşmişti. Şöyle anlatır: "Ben aydınlık bir gecede gelip Mekke'nin bahçelerinden bir bahçeye vardım, O sırada Anaka geldi ve benim bahçenin kenarındaki karaltımı gördü. Yanıma kadar gelince beni tanıdı. "Mersed!" dedi. Ben de: "Evet, ben Mersed'im" dedim. "Merhaba, hoş geldin! Haydi, bu gece yanımızda kal." dedi. Ben: "Ey Anaka! Allah zinayı haram kıldı." dedim. Kadın: "Ey çadırlar halkı! Bu adam esirlerinizi kaçırıyor." diye seslendi. Sekiz kişi derhal peşime düştü. Ben Handeme denilen dağa çıkıp, bir mağaranın içine girdim. Onlar da geldi ve başımın üstünde durdular. Allah beni onlara göstermedi, adamlar dönüp gittiler. Ben de sözleştiğim adamın yanına gittim ve adamı yüklendim. Adam ağırdı. Nihayet İzhır denilen yere varınca adamın bağlarını çözdüm. Onu taşımaya devam ettim. Adam beni çok yordu. Sonunda Medine'ye geldik. Resûlullah'a gidip, iki defa: "Ya Resûlullah! Anaka ile evlenebilir miyim?" dedim. Resûlullah sustu, bana cevap vermedi. Sonunda şu âyet nazil oldu:

"Zina eden erkek, zina eden veya müşrik olan kadından başkasını nikâhlamaz. Zina eden kadını da, zina eden veya müşrik olan bir erkekten başkası nikâhlamaz."[67]

---

67 Nur, 3. Bu âyet-i kerime hakkında birçok ihtilaf vardır. Ben bu görüşlerin özeti mahiyetinde, Tirmizî'nin şerhi *Tuhfetü'l-Ahvezî*'den bir açıklamayı aktarmayı yararlı görüyorum: İbn Münzir der ki: "Âlimlerin bu âyet hakkında beş görüşü vardır: 1) Bu âyet mensuhtur. Bu görüşü Said b. Müseyyeb söylemiştir. İmam Şafiî de: "Âyet hakkında söylenecek söz Said b. Müseyyeb'in sözüdür; inşaallah mensuhtur." demiştir. Diğerleri de demişler ki: "Bu âyeti nesh eden de "*İçinizdeki bekârları evlendirin*" (Nur, 33) âyetidir. Zinakâr kadın, müslümanların bekârlarındandır." Buna göre âlimlerin çoğu der ki: "Kim bir kadınla zina etse, o kimse de başka birisi de o kadınla evlenebilir. 2) Bu âyetteki nikâh lafzı cinsel ilişki anlamındadır. Âyetin maksadı, zinakârın bu işine ve isteğine ancak kendisi gibi bir zinakâr kadın veya bir müşrik kadın razı olur, demektir. 3) Kendisine sopa cezası uygulanmış bir zinakâr erkek ancak sopa vurulmuş bir zinakâr kadınla veya müşrik bir kadınla evlenebilir. Kadın da böyledir. 4) Bu du-

Resûlullah buyurdu ki: "Ey Mersed! Zina eden erkek, zina eden veya müşrik kadından başkasını nikâhlamaz. Zina eden kadını da, zina eden veya müşrik olan bir erkekten başkası nikâhlamaz. Öyleyse sen onu nikâhlama."[68]

Gördün mü Allah iman edenleri nasıl savunuyor?! Ve iyilik edenlerle nasıl beraber oluyor?! En kötü ihtimalle korktuğun olsa da, açıklamaya ihtiyaç duyulan bazı işler ortaya çıksa, başkalarına durumunu açıkla ve de ki "Evet, ben günahkârdım, tevbe ettim. Daha ne istiyorsunuz?"

Hepimiz şunu bir daha hatırlayalım ki, gerçek rezillik kıyamet günü Allah'ın huzurundakidir. Yoksa yüz, iki yüz kişinin veya bin, iki bin kişinin önündeki değildir. Ancak gerçek rezillik; melekler, cinler ve Âdem'den en son insana kadar tüm şahitlerin önünde olacak olandır. İşte İbrahim'in duası, haydi oku:

"İnsanların yeniden diriltilecekleri gün beni rezil etme. O gün de malın da evladın da hiç bir faydası olmaz. Allah'a salim kalp ile gelmiş olanlar müstesna."[69]

Sıkıntılı anlarında şu nebevî dualarla korun: "Ey Allah'ım! Ayıplarımızı ört, korkularımızdan emin kıl. Ey Allah'ım! Bize zulmedenlerden öcümüzü al. Bize haksızlık edenlere karşı yardım et. Allah'ım! Düşmanlarını ve hasetçilerini bize güldürme."

---

rum zinadan kazandıklarını kendilerine versinler diye evlenilen kadınlar hakkında idi. Delil olarak da bu âyetin böyle bir olay hakkında inişini gösterirler. 5) Bu âyet, zaniyenin iffetli bir erkekle, iffetli bir erkeğin de zaniye ile evlenmesinin haram olması hakkında geneldir. Şarih Mübarekfurî der ki: "Bu beşinci görüş, zahir ve üstün olandır. Ahmed ve diğerlerinin görüşü de böyledir. İbn Kesir: "İmam Ahmed dedi ki: "İffetli bir adamın fahişe bir kadını, fuhşa devam ettiği hâlde nikâhlaması sahih değildir. Ta ki tevbe edinceye kadar... Eğer tevbe ederse, nikâh geçerlidir, etmezse değildir. Aynı şekilde hür iffetli bir kadının da facir, zinakâr bir adamla evlendirilmesi, sahih bir tevbeyle tevbedene kadar geçerli değildir. Çünkü Allah Teâlâ "Bu mü'minlere haramdır" buyurmaktadır. *Ahvezî*, c.9, s.18. (çev)

68 *Sahîhu Süneni Tirmizî*, 3/80

69 Şuara, 87, 89

GÜNAHLARIM HAYATIMI ZEHİR EDİYOR

Diyorsun ki: "Ben çok günahlar işledim, Allah'a tevbe ettim. Ancak günahlar peşimi bırakmıyor. Yaptıklarımı hatırlamak, hayatı bana dar ediyor. Yatağım sertleşiyor, gece uyuyamıyorum, huzursuz oluyorum. Beni rahatlatmanın bir yolu yok mu?"

Ey müslüman kardeşim! Bu tür duygular doğru bir tevbenin alametleridir. İşte bu pişmanlığın ta kendisidir. Pişmanlık ise tevbedir. Öyleyse geçmişe ümitle bak! Allah'ın seni affedeceği ümidiyle... Allah'ın insana nefes aldıracak lütfundan da ümidini kesme ve O'nun rahmetinden ümitsiz olma. Allahu Teâlâ:

"*Sapıklardan başka kim Rabbinin rahmetinden ümidini keser.*"[70]

İbn Mes'ûd:

"En büyük günah Allah'a şirk koşmak, Allah'ın tuzağından emin olmak, Allah'ın rahmetinden ümidi kesmek, Allah'ın insana bir genişlik verecek olmasından ümit kesmektir."[71]

Mü'min Allah'a ümitle korku arasında gider. İhtiyaca binaen bazı zamanlarda biri diğerine galip olabilir. Günah işlediğinde tevbe etmesi için korku tarafı, tevbe ettiğinde de Allah'ın affetmesini isteyerek ümit tarafı ağır basar.

GÜNAH ÇIKARMA VAR MI?

Birisi hüzünlü bir sesle soruyor: "Tevbe etmek istiyorum; ancak birine gidip günahlarımı itiraf etmem gerekir mi? Mahkemede hâkimin önünde tüm yaptıklarımı itiraf edip de bana had[72] tatbik etmesini istemek tevbemin şartlarından mı?

70 Hicr, 56

71 Abdürrezzak, Heysemî ve İbn Kesir, sahih olduğunu söylerler.

72 Had cezası: İslâm'da bazı suçlara verilen dünyevî bir cezadır ki, sadece devlet başkanı uygular.

Biraz önce okuduğum Mâiz'in tevbesi, kadının ve bir kadını öpen adamın tevbeleri ne ifade ediyor?"

Müslüman kardeşim! Sana diyorum ki, Allah'ın razı olduğu bu muazzam tevhidin meziyetlerinden biri de kulun Herhangi bir aracı olmadan doğrudan Rabbiyle irtibat kurabilmesidir.

"Kullarım, sana benden sorarsa (söyle): "Ben (onlara) yakınım. Bana dua ettiği zaman dua edenin duasına karşılık veririm."[73]

Tevbenin Allah'a yapıldığına iman etmişsek, öyleyse itiraf da sadece Allah'adır. Seyyidü'l-istiğfar duasında "Üzerimdeki nimetlerini de günahlarımı da itiraf ediyorum." Yani ey Allah'ım! Sadece sana itiraf ediyorum, deniyor. Allah'a hamd olsun ki, bizler, hıristiyanlar gibi değiliz. Papaz, İtiraf Odası ve Bağış Belgesi gibi birtakım komiklikler bizlerde yoktur. Bilakis Allahu Teâlâ: *"Onlar, Allah'ın, kullarından tevbelerini kabul ettiğini bilmiyorlar mı?*[74] Yani kullarından herhangi bir aracı olmaksızın tevbeleri kabul ettiğini bilmiyorlar mı?

Had cezasının uygulanmasına gelince; bu had cezasını gerektiren suç, eğer imama, hakime, kadıya ulaşmamış ise kişinin kendisinin gidip de itiraf etmesi gerekmez. Allahu Teâlâ o insanın günahını gizlemiş ise, kendisinin de gizlemesinde hiçbir sakınca yoktur. O insanın kendisiyle Allah arasındaki tevbesi

---

73 Bakara, 186. Dua ile ilgili Resûlullah'ın şu hadislerini hatırlamakta yarar olduğu kanaatindeyim: Resûlullah (s.a.v.) şöyle buyurmuştur: "Biriniz acele edip de "Ben dua ettim; ama duam kabul olunmuyor." (yahut "kabul edilmedi") demedikçe duası kabul olunur. (Müslim, 2735) Ebû Saîd el-Hudrî, Peygamber (s.a.v.)'den rivayet ederek şöyle demiştir: "Herhangi bir müslüman dua eder de duasında günah ve akrabalık bağlarını kesme hâli yoksa, Allah ona muhakkak üç şeyden birini verir: Ya duasını acele kabul eder, ya duasına karşılık âhirette sevap hazırlar, ya da ondan duası kadar kötülüğü kaldırır." "O halde insan çok dua eder." denildi. Peygamber (s.a.v.): "Allah'ın vermesi ve icabeti daha çoktur." (Buhârî, *el-Edebü'l-müfred*, 710) (çev)

74 Tevbe, 104

yeterlidir. Allahu Teâlâ'nın güzel isimlerinden birisi de Settar'dır ki, O kullarının kusurlarını örtmeyi sever.

Zina eden Mâiz'in, kadının ve bostanda kadını öpen adamın durumu ise, Allah hepsinden de razı olsun, bunlar kendilerine farz olmayan bir şeyi, nefislerini temizleme isteği ile yapmışlardır. Mâiz geldiğinde de, kadın geldiğinde de Resûlullah'ın onlardan yüz çevirmiş olması... Aynı şekilde Hz. Ömer'in, bostanda kadını öpen adama: "Eğer kendisini gizleseydi, Allah da onu gizlerdi." sözünü Resûlullah'ın susup ikrar etmesi... Onların bunu, nefislerini temizleme isteğiyle yaptıklarını gösteren birer delildir.

Buna göre, günahkâr kişinin, Allah onu örttükten sonra mahkemeye gidip, resmî olarak itiraflarda bulunmasının gerekli olmadığı anlaşılmış oluyor. Aynı şekilde bir mescidin imamına gidip de kendisine had uygulamasını istemesi de, evin içerisinde arkadaşından (zina eden bekârsa seksen sopa vurulur diye) sopa vurulması hususunda yardım istemesi de bazılarının aklına geldiği gibi, gerekli değildir. Böylece aşağıdaki olayda bazı tevbekârlarla bir kısım cahillerin yaptığı işin çirkinliği anlaşılmış oluyor.

Günahkârın biri, cahil bir cami imamına gidiyor. İşlemiş olduğu bazı günahları ona itiraf ediyor ve ondan çözüm istiyor. Bu cahil imam da diyor ki: "Senin önce mahkemeye gidip, şer'an itiraflarını tasdik ettirmen ve had uygulatman gerekir. Bundan sonra durumuna bakılır." Miskin günahkâr, bu sözü uygulamaya güç yetiremeyeceğini anlayınca tevbeden vazgeçip, yine önceki yaşantısına geri döner. Diyorum ki: "Ey müslüman! Dinî hükümlerin bilinmesi, doğru kaynaklardan öğrenilmesi emanettir." Allahu Teâlâ şöyle buyuruyor:

"Eğer bilmiyorsanız zikir ehline sorun"[75]

---

75 Nahl, 43

"*...O Rahmandır bunu bir bilene sor.*"[76]

O hâlde her vaizin fetva vermesi, her cami imamının veya müezzinin insanların meseleleri ile ilgili şer'î hükümleri bildirmeleri ve her edibin veya hikâyecinin fetva nakletmesi uygun değildir. Müslüman, fetvasını kimden aldığından mesuldür. Bu konu ibadetle ilgili bir husustur. Resûlullah ümmeti için saptırıcı imamlardan korkmuştur. Seleften biri der ki: "Şüphesiz bu ilim dindir. Öyleyse dininizi kimden aldığınıza dikkat edin."[77] Ey Allah'ın kulları! Bu kaymalardan sakının. Sorunlarınızın çözümü için ilim ehli kimseleri araştırın. Yardım istenen Allah'tır.

76 Furkan, 59
77 Müslim, Mukaddime, Bab, 5 (çev)

TEVBEKÂRLARLA İLGİLİ ÖNEMLİ FETVALAR

Diyebilirsin ki: "Tevbe etmek istiyorum; ancak tevbeyle ilgili hükümleri bilemiyorum. Zihnimde birçok soru dolanıyor. Bazı günahlardan tevbe etmenin sahih olup olmadığı, ihmal ettiğim Allah haklarının nasıl kaza edileceği ve almış olduğum kul haklarının geri verilmesinin yolu nasıl olacak bu ve buna benzer sorulara cevap var mı?"

Ey Allah'a dönen kişi! İşte çaresize şifa olacak fetvalar:

S-1: Bir günah işledim ve tevbe ettim. Sonra kötülüğü emreden nefsim bana galip geldi ve tekrar işlediğim günaha geri döndüm, yeniden aynı günahı işledim. Acaba birinci tevbem geçersiz mi oldu? Üzerimde hem birinci hem de ikinci olarak işlemiş olduğum günahın vebali var mı?

C-1: Birçok ilim ehli der ki: Tevbenin sıhhati için, günaha dönmemek şart değildir. Tevbenin sıhhati, günahı terk etmeye, günahtan dolayı pişmanlık duymaya ve dönmemeye kesin karar vermeye bağlıdır. Eğer kişi işlemiş olduğu günaha yeniden dönerse, bu kimse yeni günah işleyen gibidir. Bu kişiye bu yeni günahtan dolayı yeniden tevbe etmek gerekir. Birinci tevbesi ise sahihtir, geçerlidir.

S-2: Bir günah da ısrar ederken, diğer bir günahtan dolayı yaptığım tevbe geçerli midir?

C-2: Birbiriyle ilişkisi olmayan, aynı cinsten olmadıkça bir günahta ısrar edilse bile başka bir günahtan tevbe etmek geçerlidir. Diyelim ki, kişi faizden dolayı tevbe etti de içkiden dolayı tevbe etmedi. Faizden dolayı yaptığı tevbe geçerlidir. Tersi de doğrudur. Fakat ribâ-i fadldan[78] tevbe etse de ribâ-i nesîe de ısrar etse, o zaman bu tevbe kabul olmaz. Aynı şekilde haşhaş kullanımından dolayı tevbe etse de içki içmeye devam etse veya tersi olsa, yine tevbesi makbul olmaz. Yine diyelim ki, bir kadınla zina etmekten dolayı tevbe etse, fakat başka bir kadınla zinaya devam etse, bu tevbe de geçerli olmaz. İşte böyle kimselerin tevbeleri geçerli değildir. Nihayetinde bunların yaptığı günahın bir çeşidinden diğer bir çeşidine dönmektir. Ayrıca bak: *Medâric* isimli kitap.

S-3: Geçmiş de kılmadığım namazlar, tutmadığım oruçlar ve vermediğim zekatlar var. Ben şimdi ne yapmalıyım?

C-3: Namazı (kasden) terk eden kişi, tercih edilen görüşe göre; vaktini kaçırdığı için kaza etmesi gerekmez. Namazın telafisi artık mümkün değildir; onun yerine çokça tevbe, istiğfar etmeli ve çokça nafile namaz kılmalıdır. Umulur ki, Allah onu affeder. Orucu terk edense; terk ettiği vakitte müslüman idiyse, kaza etmesi gerekir. Ramazandan bir sonraki ramazana kadar özürsüz geciktirdiği her gün için bir fakiri doyurması gerekir ki, bu da geciktirmesinin kefâretidir. Peş peşe birçok ramazan geçmiş olsa da kefâret bir kez yapılır, artırılmaz.

---

78 İslâm hukukunda faiz iki kısma ayrılır. Ribâ-i fadl ve ribâ-i nesîe. Ribâ-i fadl: Aynı cinsten faizli malların birbiri ile mübadelesi halinde taraflardan birinin diğerinden fazla olmasıdır. On iki ölçek unluk buğdayla on ölçeklik tohumluk buğdayın değiştirilmesi gibi. Ribâ-i nesîe: Vade karşılığında şart koşulan fazlalıktır. Aynı cinsten faizli malların birbiri ile mübadelesi halinde taraflardan birinin veresiye olmaları gibi. Ribanın gerçekleşmesi için, mübadele edilen faizli malların peşin olmaları ve aynı cinsten olmaları hâlinde de birbirine miktar olarak eşit olmaları gerekmektedir. bk: *Fıkıh ve Hukuk Terimleri Sözlüğü*, Doç. Dr. Mehmet Erdoğan (çev)

Misal: Diyelim ki bir kimse, hicri 1400 senesinde ramazandan üç gün, 1401'de de beş gün tembellikten dolayı orucu terk etmiş, sonraki senelerde de tevbe etmiş olsun. Bu kişiye sekiz günlük kaza ve bu sekiz gününün her birinden dolayı da ayrıca bir fakiri yedirmesi gereklidir.

Başka bir misal: 1400 senesinde bir kız büluğa erse, ailesine bunu haber vermekten çekinse, bu âdet günlerinde diyelim ki, sekiz gün oruç tutsa ve bunları kaza etmemiş olsa... Şimdi tevbe ederse, buna da yukarıdakinin aynısı gerekir. Şu husus bilinmelidir ki, namazın terki ile orucun terki arasında birçok fark vardır. İlim ehlinin söylediğine göre; özürsüz olarak kasten terk edilen orucun da kazası olmaz. Bu görüşte olan âlimler de vardır.

Zekatı terk edenin ise, onu çıkarıp vermesi gerekir; çünkü zekat bir yönüyle Allah, bir yönüyle de kul hakkı sayılır.[79]

S- 4: Şayet kötülük, kul hakkında meydana gelmiş ise o zaman tevbe nasıl yapılmalıdır?

C-4: Bu konuda aslolan Resûlullah'ın şu hadisidir:

"Kimin üzerinde din kardeşinin ırzı, namusu veya malıyla ilgili bir zulüm varsa, altın ve gümüşün bulunmayacağı kıyamet günü gelmeden önce o kimseyle helalleşsin. Yoksa kendisinin sâlih amelleri varsa, yaptığı zulüm miktarınca sevaplarından alınır (hak sahibine verilir). Şayet iyilikleri yoksa, kendisine zulüm yaptığı kardeşinin günahlarından alınarak onun üzerine yükletilir."[80] Bu zulümlerden tevbe eden şöyle kurtulur: Ya hak sahiplerine haklarını iade eder veya onlarla helalleşir ve kendisini affetmelerini ister. Şayet affederlerse ne âlâ, yoksa haklarını onlara iade eder.

S-5: Bir veya birçok kimsenin gıybetini ettim, suçsuz birçok

79 *Medâricü's-sâlikîn*, 1/383'e daha fazla bilgi için bakılabilir.
80 Buhârî, Mezâlim; 10; Rikak, 48

kişiye iftirada bulundum. Affetmelerini istemekle birlikte onlara bunları haber vermem şart mıdır? Değilse nasıl tevbe etmeliyim?

C-5: Eğer onlara yaptığın gıybeti ve iftiraları haber verdiğinde kızmayacaklar ve kinleri artmayacaksa, açıkça haber verirsin. Örneğin; ben geçmişte hakkınızda yanılmışım veya sözlü olarak size zulmettim. Şimdi ben Allah'a tevbe ettim, beni affedin gibi, tafsilata girmeden genel ifadelerle de olsa onlara haber verip affetmelerini istemende bir sakınca yoktur. Onlara yapılan gıybeti veya iftiraları haber vermek, haber verene kızmalarına, kin ve öfkelerinin artmasına -ki çoğu zaman böyle olur- neden olursa veya genel ifadelerle haber verildiğinde razı olmayıp illa da açıklamasını duyduklarında hoşlanmamalarını artıracak tafsilat isterlerse, o zaman onlara haber vermek gerekmez. Çünkü din kötülüklerin arttırılmasını emretmez. Bir kişinin yüzüne karşı, duymadan önce rahat olduğu şeyleri haber vermek, nefretin sebebi ve dinin kalpleri birleştirmek, müslümanlar arası sevginin oluşmasını sağlamak gibi hedeflerine aykırıdır. Çoğu kere haber vermek, gıybeti yapılan kişinin gıybetini yapana karşı kalbiden çıkmayacak bir düşmanlığın oluşmasına sebep olur. Bu durumda yapılacak tevbe için şunlar yeterlidir:

a. Pişmanlık, Allah'tan bağışlanmayı istemek, bu suçun çirkinliğini düşünmek ve haramlılığına inanmak.

b. Gıybeti veya iftirayı işitenlerin yanında kendini yalanlamak ve iftirada bulunduğu kişinin bundan beri olduğunu söylemek.

c. Kendisine haksızlık da bulunduğu meclislerde gıybetini yaptığı kişiyi hayırla övmek, iyiliklerini söylemek.

d. Gıybetini yaptığı kişiyi savunmak, ona kötülük etmek isteyen birini ondan onu vazgeçirmek.

e. Gıyabında o kişi için istiğfarda bulunmak.[81]

Ey müslüman! Malî haklarla bedenî suçların, gıybetle dedikodunun farkına dikkat et. Çünkü malî hakların sahipleri bunu kendilerine bildirmene ve kendilerine geri vermene sevinirler ve bunlardan yararlanırlar. Bu nedenle onlardan bunları gizlemen caiz değildir. Kişilik haklarına ilişkin olanlar ve haber verilmesi sadece zarar ve öfkeyi artıranlar ise, böyle değildir.

S-6: Kasten adam öldüren biri nasıl tevbe eder?

C-6: Kasten adam öldürenin üzerinde üç tane hak vardır: Allah'ın hakkı, öldürülenin hakkı ve varislerin hakkı.

* Allah'ın hakkı, ancak tevbeyle kaza edilir.

* Varislerin hakları, ya kısas veya diyet yahut da affetmeleri şeklinde yerine getirilir.

* Geriye, dünyada ödenmesi mümkün olmayan, öldürülen kişinin hakkı kalıyor. Bu konuda ilim ehli der ki: "Eğer katilin tevbesi güzel olursa, Allahu Teâlâ öldürülenin hakkını öldürenden kaldırır; öldürülene kıyamet günü kendi katından daha hayırlısını verir. Bu konudaki en güzel söz budur."[82]

S-7: Hırsız nasıl tevbe eder?

C-7: Çaldığı elinde ise onu sahibine iade eder: "Eğer tüketmiş veya kıymetinden kullanmakla veya zaman geçmesi ile eksilme olmuş ise, bu eksikliği telafi etmesi gereklidir. Ancak hak sahipleri helal ederlerse Allah'a hamd etsin.

S-8: Kendilerinden mal çaldığım kişileri görünce sıkılıyorum, onlara açıklama da yapamıyorum. Onlardan beni affetmelerini de isteyemiyorum. Ben ne yapayım?

C-8: Onlarla yüzleşmekten kaçındığın bu sıkıntıdan kur-

---

81 *Medâric*, 1/291; *Muğnî*, şerhiyle birlikte, 12/78
82 *Medâric*, 1/299

tulmanın yolunu araştırmanda bir mahzur olmaz. Mesela; herhangi bir şahısla onların haklarını gönderir, ismini de açıklamamasını istersin veya postayla gönderirsin, yada gizlice yanlarına koyarsın yahut da bu mallar falan şahsın yanındaki sizin haklarınızdır, diyerek tevriye yaparsın. Önemli olan, hakların sahiplerine ulaştırılmasıdır.

S-9: Babamın cebinden gizlice para çalmıştım. Şimdi ise tevbe etmek istiyorum. Miktarın ne kadar olduğunu bilemiyorum. Ben bunu ona açıklamaktan da sıkılıyorum. Ne yapmalıyım?

C-9: Çaldığını şu kadardır veya daha fazla diye zannı galibine göre takdir edersin, gizlice aldığın gibi yine gizlice babanın cebine koymanda bir sakınca yoktur.

S-10: Birtakım insanlardan mal çalmıştım. Şimdi Allah'a tevbe ettim; ancak adamların adreslerini bilmiyorum?

Bir diğeri ise diyor ki: "Bir şirketten hileyle mallar almıştım, şirketin işi bitti ve bu beldeden ayrıldı?"

Üçüncü bir şahıs da diyor ki: "Bir dükkandan ticaret malı çaldım, yeri değişmiş sahibini de tanımıyorum?"

C-10: Senin için gerekli olan; gücün ve takâtın oranında onları aramaktır. Eğer bulursan onlara mallarını verirsin. Yok, eğer mal sahibi ölmüşse, vereselerine verirsin. Tüm ciddî araştırmalarına rağmen onları bulamazsan onlar adına tasadduk edersin. Mal sahipleri kâfir dahi olsalar yine onlar adına tasadduk edersin. Çünkü Allah onlara dünyada verir âhirette vermez. Bu konu İbn Kayyim'in *Medâric*'te[83] söylediği konuya benzer: İslâm ordusunda bir asker ganimet malını çalıyor. Bir zaman sonra tevbe ediyor. Çalmış olduğu malı ordu komutanına getiriyor. Komutan da bunu kabul etmiyor. Adam diyor ki: "Şimdi

83 *Medâric*, 1/388

dağılıp gitmiş olan bu orduya ben bu malı nasıl ulaştırabilirim?" Bu tevbekâr Haccac b. Şair'e fetva almak için geliyor. Haccac ona diyor ki: "Be adam, Allah muhakkak ki orduyu, isimlerini, neseplerini biliyor. Elindeki o malın beşte birini beşte birlik pay sahiplerine ver, geri kalanı da onlar adına tasadduk et. Çünkü Allah bunun sevabını onlara ulaştırır. Adam denileni yapar. Bu durumu Muaviye'ye haber verince Muâviye der ki: "Sana böyle fetva verebilmem, benim için mülkümün yarısından daha sevimlidir." *Medâric*'teki kıssaya benzer bir fetva da Şeyhülislâm İbn Teymiye'den aktarılır.

S-11: Yetimlerin mallarını gasp ettim. Ticarette bulunup kâr elde ettim. Şimdi o malla yaptığım ticaretten dolayı zenginliğim kat kat arttı. Allah'tan korkuyorum. Nasıl tevbe edeceğim?

C-11: Âlimlerin bu konuda birçok görüşü vardır. En itidalli olanı şudur: Sen anaparayı ve kârın yarısını yetimlere geri verirsin. Onlarla, sanki aslını onlara vermiş olmakla birlikte kâr ortağı olmuş olursun. Bu, İmam Ahmed'den de rivayet edilmiştir. Ayrıca Şeyhülislâm İbn Teymiye'nin de görüşüdür Talebesi İbn Kayyim'in de tercih ettiği görüştür.[84] Yine aynen bunun gibi bir mesele de şudur: Otlayan koyun veya develer gasp edilse ve bunlar yavrulasa, yavrularının yarısı asıl mal sahibinindir. Eğer ölürlerse, yavruların yarısıyla birlikte ölenlerin kıymetini mal sahibine verir.

S-12: Adam kargo uçağında çalışıyor. Yanlarındaki emanet eşyalardan bir teybi gizlice alıyor. Seneler sonra tevbe ediyor. Şimdi teybin kendisini mi, değerini mi, yoksa bir benzerini mi geri vermesi gerekir? Şu da var ki, bu çeşit teyp artık piyasada yoktur.

C-12: Teybin kendisini, bir de kullanmasına ve zaman aşımına karşılık kaybolan değerini geri verir. Bunu da kendisini

---

84 *Medâric*, 1/392

rencide etmeyeceği münasip bir yolla yapar. Eğer mümkün olmazsa, asıl sahibinin adına kıymetini tasadduk eder.

S-13: Yanımda faizden kazanılmış mallar vardı. Hepsini harcadım. Yanımda hiçbir şey kalmadı. Fakat ben de tevbe ettim. Ne yapmam gerekir?

C-13: Sadece Allah'a nasûh bir tevbe etmen gerekir. Faiz tehlikelidir. Kur'an'da (günah işleyenlerden) sadece faiz ehliyle harp edileceği bildirilmiştir. Mademki faizli malların tümü gitmiştir. Şimdi onlardan dolayı yapacağın bir şey kalmamıştır.

S-14: Bir kısmı helal bir kısmı da haram olan para ile bir araba aldım. O araba şimdi yanımda. Ne yapmam gerekir?

C-14: Kim, ev ve araba gibi parçalanamayan bir eşyayı, bir kısmı helal olup, bir kısmı da haram olan mal ile almış ise, malının haram olan kısmına tekabül eden miktarı çıkarıp, malını temizlemek için onu tasadduk eder. Eğer malın haram olan bu kısmı başkalarının hakkı ise, yukarıda açıklanan şekilde onlara geri vermesi gereklidir.

S-15: Diğer mallarının helalliğine dikkat etmekle birlikte, sigara ticaretinden elde ettiği kârla kazandığı malını ne yapmalıdır?

C-15: Her kim hükmünü bilerek, eğlence aletleri, haram kasetler ve sigara satışı gibi haram mallarla ticaret yapar da sonra tevbe ederse, bu haram malların kârını hayır yollarında, sadaka olarak değil, sadece o maldan kurtulmak için kullanır. Çünkü Allah temizdir; sadece temiz olanı kabul eder. Mübah mallarla birlikte sigara da satan bakkallarda olduğu gibi, haram mallar diğer helal mallarla karışık ise, bu haram malları kendi kanaatine göre hesap eder ve kalan mallarının haramdan temizlenecek miktarını zann-ı galibine göre çıkarır. Allah ona bunların yerine daha hayırlısını verir. O zengin ve cömerttir. Genel olarak, çoğu haramdan kazanılmış mallara sahip bulunan kimse tevbe etmek isterse:

a) Bu haramları kazandığı zaman kâfir ise, tevbe ettiği zaman bunları elinden çıkarması gerekli değildir. Çünkü Resûlullah (s.a.v.) müslüman olduklarında sahâbeye mallarını ellerinden çıkarmalarını emretmemiştir.

b) Fakat bu malları kazandığı zaman haram olduğu hükmünü bilen bir müslüman ise, tevbe ettiği zaman bu malları elinden çıkarması gereklidir.

S-16: Rüşvet alan bir kimse, Allah kendisine istikamet nasip ettikten sonra bu rüşvetten elde ettiği malları ne yapar?

C-16: Bu kimsenin iki durumu vardır:

a) Bu rüşveti, ya hakkını rüşvet vermekten başka bir yolla alamayan bir mazlumdan almıştır; o vakit bu tevbe edenin, rüşvet veren hak sahibine bu malı geri vermesi gerekir. Çünkü bu mal gasp edilmiş sayılır, veren de rüşvete mecbur bırakılmıştır.

b) Ya da bu rüşveti kendisi gibi zalim birinden haksız olarak almıştır. Rüşvet alan bu durumda bu malı o kimseye geri vermez. Tevbekâr, aldığı rüşvetten ancak fakirler gibi hayır yollarına vererek kurtulur. Bir hakkı hak sahibinden alıkoymaya sebep olan kişinin tevbe etmesi böyledir.

S-17: Birtakım haramlar işledim, karşılığında da mallar aldım. Şimdi ise tevbe ettim. Acaba bu malları, bana verenlere geri vermem gerekli midir?

C-17: Haram işler yapan veya haram olan hizmetlerde bulunan ve bunların karşılığını veya ücretini alan bir şahıs, Allah'a tevbe ettiği vakit yanında bu haram mallar var ise, bu malları aldığı kimselere vermeksizin onları elden çıkarmalıdır. Zinakâr bir kadın, zina karşılığı almış olduğu malı tevbe ettiğinde zina ettiği erkeğe veremez. Haram olan şarkılarına karşılık ücret almış olan sanatkâr da tevbe ettiğinde konsere katılanlara, verdikleri ücreti iade etmez. İçki, uyuşturucu satan kişi de kendisinden o malları alanlara paralarını geri vermez. Yalan şahitlikte bulunmuş olan da bunun karşılığında aldığı parayı kendisini yalanda kullanan şahsa iade etmez. Bunun sebebi şudur: Kendisine malı veren günahkâra malı geri vermek, ona hem haramın bedelini hem de bedel karşılığı yapılanı ücretsiz olarak sunmak olur. Bu, İbn Teymiye'nin ve talebesi İbn Kayyim'in tercih ettikleri görüştür.[85]

S-18: Uykularımın kaçmasına, sıkıntıya girmeme sebep olan, beni tedirgin eden bir mesele var: Bir kadınla fuhuş yaptım; nasıl tevbe edeceğim? Bu meseleyi örtmek için o kadınla evlenebilir miyim?

Diğer bir kimse de şöyle soruyor: Yurt dışında fahişelik yapmış bir kadın ondan hamile kalmış; acaba doğacak çocuk, kendisinin çocuğu sayılır mı? O çocuğun nafakasını göndermesi gerekli midir?

C-18: Konusu fuhuş olan birçok sorunun geliyor olması, müslümanların tamamının durumlarına bakıp, Kitap ve Sünnet rehberliğinde durumlarını düzeltmelerini gerekli kılıyor. Özellikle de şu meselelerde: Gözlerini haramdan sakınma, evlenilmesi caiz olan kadınlarla yalnız başına kalmama, yabancı kadınlarla tokalaşmama, tam anlamıyla şer'î tesettüre sarılma, kadın erkek bir arada bulunmama, küfür memleketlerine yolculuğa çıkmama, evine ve aileye önem verme, bekârların evlendirilmesi, evliliğin zorluklarını kolaylaştırma...

Sorunun cevabına gelince; fuhuş yapan kişi iki durumla karşı karşıyadır:

1. Ya kadına zorla tecavüz etmiştir ki, bu durumda Allah'a nasûh tevbe eder. Bununla birlikte, durumu devlet başkanına veya yardımcısına; hâkim ve benzerlerine intikal etmiş ise, had

85 *Medâric*, 1/390

tatbikinin yanı sıra kadına vermiş olduğu zararın telafisi için mehr-i misil [86]ödemesi gerekir.[87]

2. Kadının rızası ile zina etmiş ise, bu kişiye sadece tevbe etmek yeterlidir. Kesinlikle çocuk kendisine ait olmaz. Kendisine nafaka da gerekmez; çünkü çocuk zina gibi haram yolla kazanılmıştır. Dolayısıyla çocuğun nesebini, zina edene ait göstermek caiz değildir. Meseleyi örtmek için onunla evlenmesi de caiz değildir. Allahu Teâlâ buyuruyor ki:

"Zina eden erkek, zina eden veya müşrik olan kadından başkasını nikâhlamaz. Zina eden kadını da, zina eden veya müşrik olan bir erkekten başkası nikâhlamaz."[88]

Hamile olup olmadığı bilinmeyen bir kadınla nikâh akdinin yapılması caiz olmadığı gibi, karnında zinadan dolayı cenin bulunan bir kadınla nikâh akdi yapmak da caiz değildir. Velev ki o cenin akit yapacak kişiden olmuş dahi olsa.

Fakat hem kadın hem de adam samimi tevbe etmiş olsalar, kadının rahminin temiz olduğu da anlaşılsa, o zaman nikâh kıymaları caiz olur. Allah'ın sevdiği bir hayata başlamış olurlar.

S-19: Ben bir fuhuş yaptım, zinakâr bir kadınla nikâh kıydım. Seneler sonra ben de kadın da samimi olarak Allah'a tevbe ettik. Ne yapmam gerekir?

C-19: Mademki her iki taraf da sahih tevbe yapmış, veli ve şahitler gibi şer'î şartlarını yerine getirerek nikâh kıymanız gerekir. Bu nikâhın mahkemede kıyılmasına gerek yoktur, evde de kıyılsa olur.

---

86 Mehir: Nikâh bedeli; kadının, nikâh akdi ile hak kazandığı mal. Mehr-i misil: Emsal mehir; zevcenin babası tarafından ve o olmadığı takdirde memleketinin ahalisinden akit tarihinde yaş, güzellik, bekâret gibi özelliklerde kendisine akran ve emsal olan kadınların mehridir. Bk. *Fıkıh ve Hukuk Terimleri Sözlüğü*, Doç. Dr. Mehmed Erdoğan. (çev)

87 *Medâric*, 1/366

88 Nur, 3

S-20: Bir kadın diyor ki: Evlenmeden önce Allah'ın razı olmayacağı işler yaptığım hâlde salih bir adamla evlendim. Şimdi ise vicdanım beni sıkıştırıyor. Geçmişte olanları kocama haber vermem gerekir mi?

C-20: Geçmişte yaptıkları münkeratı birbirlerine haber vermeleri gerekmez. Bu türden pisliklerle müptela olanlar Allah'ın gizlediğini gizlesinler. Onlar için nasûh tevbe etmek yeterlidir.

Fakat bakire bir kızla evlenen kimse, cima esnasında onun geçmişte işlediği fuhuş sebebiyle bakire olmadığını anlasa, verdiği mehri geri alıp, ondan ayrılma hakkı vardır. Eğer kadının tevbe ettiğini, Allah'ın da onun bu günahını örttüğünü bilir de onu o hâliyle kabul ederse, ona sevap vardır.

S-21: Lûtîlik fuhşundan tevbe edenin ne yapması gerekir?

C-21: Yapana da yaptırana da büyük bir tevbe gerekir. Çünkü Allah'ın, Lut kavmine, yaptıkları işin çirkinliği dolayısıyla indirmiş olduğu azap türlerini başka bir ümmete indirdiği bilinmiyor. İndirilen azap türleri şunlardır:

a) Allahu Teâıâ'nın buyurduğu gibi: *"Biz de gözlerini siliverdik."*[89] Gözlerinin nurunu alıp, kör bırakma.

b) Üzerlerine çığlık gönderme.

c) Yurtlarını tersine çevirip altını üstüne getirme.

d) Üzerlerine pişmiş çamurdan taş yağdırma.

Resûlullah (s.a.v.) şöyle buyurur: "Lut kavminin amelini yapanları bulduğunuzda bu fiili işleyenlerin her ikisini de öldürün."[90] İşte bu nedenle, bu fuhşu işleyenler evli de bekâr da olsalar, bunlara had cezası gereklidir.

---

89 Kamer, 37

90 Ebû Davud, Tirmizî, İbn Mâce. *İrvâu'l-ğalîl*'de el-Elbânî sahih olduğunu söyler.

S-22: Artık tevbe ettim. Yanımda bulunan ve epeyi para eden musikî aletleri, kasetler, filmler gibi haram eşyaları satabilir miyim?

C-22: Haram eşyayı satmak caiz değildir. Satımından alınan para da haramdır. Resûlullah (s.a.v.) buyuruyor ki: "Allah bir şeyi haram kıldığında onun parasını da haram kılar."[91] Haramda kullanacağını bildiğin hiçbir şeyi başkasına satman caiz değildir. Çünkü Allah bunu yasaklamıştır: *"Günah ve düşmanlıkta yardımlaşmayın."*[92] Her ne kadar dünya malında zarar etsen de Allah'ın yanındaki daha hayırlı ve daha kalıcıdır. O sana fazlı, keremi ve ihsanıyla bunun karşılığını verecektir.

S-23: Ben laiklik fikrini yayan, küfrî hikâyeler ve makaleler yazan sapık bir insandım. Şiirimi de özgür düşünce ve fâsıklığın yayılmasında kullanırdım. Allah rahmetiyle bana yetişti ve beni karanlıklardan aydınlığa çıkardı, beni hidayete erdirdi. Nasıl tevbe edeceğim?

C-23: Vallahi, bu en büyük nimet ve minnettir. Bu hidayetin ta kendisidir. Bundan dolayı Allah'a hamd olsun. Allah'ın sana fazlından sebat vermesini ve artırmasını dilerim. Kim dilini, kalemini, İslâm'a karşı savaşmada, sapık inançları ve bid'atleri fıskı, fücuru yaymada kullanmış ise, aşağıdakileri yapması gereklidir.

a) Tüm bunlardan dolayı tevbe ettiğini ilan etmelidir. Her vesile ile topluma, o görüşlerden döndüğünü göstermeli ki, saptırdıkları için mazeret olsun. Önceden etkilediklerinin aldanmamaları için batılını açıklamalı, oluşturduğu şüpheleri ve içine düştüğü hataları araştırıp onlardan dönmeli ve önceden söylediklerinden kaçınmalıdır. İşte bu açıklamalar, tevbenin gereklerindendir.

91 Ebû Davud
92 Maide, 2

Allahu Teâlâ:

"Ancak tevbe edip uslananlar ve (gerçeği) açıklayanlar başka. Onları bağışlarım. Çünkü ben tevbeyi çok kabul edenim, çok esirgeyenim."[93] buyuruyor.

b) Kalemini ve dilini İslâm'ın yayılmasında kullanmalı, yeteneklerini İslâm dinine yardım için görevlendirmeli ve insanlara hakkı öğretip, ona çağırmalıdır.

c) Bu yeteneğini, nasıl ki daha önce İslâm düşmanlarına yardımda kullandıysa, şimdi de düşmanların görüşlerinin çürütülmesinde, rezil olmalarında, planlarını ortaya dökmede kullanmalıdır. İslâm düşmanlarının iddialarını çürütmeli, batıl ehline karşı hak ehlinin kılıcı olmalıdır. Aynı şekilde velev ki, özel bir mecliste de olsa, geçmişte hangi insanı, faizin caiz ve mübah bir kazanç olduğuna ikna etmiş ise, o meclislere dönüp, saptırdığı gibi bu kez ona gerçeği açıklamalı, hatasını kabul etmelidir. Hidayete ulaştıran Allah'tır.

---

93 Bakara, 160

SONUÇ

Ey Allah'ın kulu! Allah tevbe kapısını açmıştır, girmez misin? "Tevbenin doğuyla batı arası kadar iki yanına açılmış kapısı vardır." Başka bir rivayet şöyledir: "Genişliği yetmiş senelik yoldur; güneş batıdan doğuncaya kadar kapanmaz."[94] Allah çağırıyor: "Ey kullarım! Sizler gece gündüz hatalar işliyorsunuz. Ben tüm günahları bağışlarım, o hâlde benden bağışlanma isteyin ki, sizi bağışlayayım."[95] İstiğfar etmez misin?

Allah geceleyin elini açar ki, gündüz kötülük eden kişi tevbe etsin. Gündüz elini açar ki, gece kötülük eden kişi tevbe etsin. Allah özrü sever. Haydi yönelsene! "Senin izzetin ve benim zilletimle senden bana merhamet etmeni istiyorum." diyerek tevbe edenin sözü, Allah'a ne kadar tatlıdır.

Senin kuvvetin ve benim zayıflığımla, senin zenginliğin ve benim fakirliğimle senden istiyorum. İşte bu yalancı, hatalı perçemim önündedir. Benden başka birçok kulun var; benimse senden başka efendim yok. Sana karşı hiçbir sığınak ve kurtuluş yoktur. Sığınak ta kurtuluşta ancak sanadır. Miskinin istemesi gibi istiyorum. Boynunu eğen hakir kimsenin yakarması gibi yakarıyorum. Kör bir korkağın duası gibi dua ediyorum. Boynunu sana eğmiş, burnunu senin için yerlere koymuş, gözleri

---

94 Taberanî, *Kebîr*, *Sahîhu'l-câmi*, 2177

95 Müslim

senin için boşanmış, kalbi sana boyun eğmiş olanların istemesi gibi istiyorum.

Şu kıssaya ve tevbe konusunu göstermesine iyice dikkat et. Salihlerden birinden rivayet edilir ki:

Bu salih zat, bir gün yollardan birinden geçerken, açık bir kapı ve o kapıdan yardım isteyerek ağlayan bir çocuğun çıktığını görür. Arkasından annesi onu kovalamaktadır. Çocuk dışarı çıkınca annesi kapıyı yüzüne kapatır ve içeri girer. Çocuk fazla uzaklaşmaz, düşünceli bir şekilde durur, çıkarıldığı evden başka kendisine sığınacak ne bir yer, ne de annesinden başka kendisini koruyacak kimsesi yoktur. Kalbi kırık, üzüntülü bir vaziyette geri döner. Kapıyı kapalı bulur ve kapı eşiğine yüzünü koyup orayı yastık edinir. Gözyaşları yanaklarına doğru akar bir vaziyette uyur. Bir zaman sonra annesi dışarı çıkar. Oğlunu bu vaziyette görünce, kendini tutamaz, üzerine kapanır, ona sarılır, öper ve ağlayarak şöyle der: "Yavrum! Benden nereye kaçıyorsun? Benden başka seni kim barındırır? Ben sana demedim mi ki bana aykırı davranıp da, sana karşı şefkat ve merhamet bırakıp, Allah'ın beni yaratmış olduğu tabiatımın zıttı ile sana mukabelede bulunmaya beni zorlama." Sonra çocuğunu alır ve içeri girer. Resûlullah (s.a.v.) şöyle der:

"Allah'ın, kullarına olan merhameti, bu annenin çocuğuna duyduğu merhametten daha fazladır."[96] Annenin merhameti her şeyi kuşatan Allah'ın merhametinin yanında nedir ki?!

Kul kendisine tevbe ettiğinde Allah sevinir. Sevinen Rabbin hayrından mahrum olmayalım.

"Kulunun tevbesinden dolayı Allah'ın duyduğu sevinç, şu adamın sevincine benzer: Bu kimse ıssız çölde sefere çıkar, tehlikeli bir yerde konaklar, yanında da yiyeceği içeceği üzerinde bulunan bineği vardır. Derken bir ağacın gölgesine sığınır ve

96 Buhârî, Edep, 18; Müslim, Tevbe, 22

ağacın altında uyur. Uyandığında hayvanının gitmiş olduğunu görür ve onu aramaya başlar. Bir tepeye gelip oraya çıkar, bir şey göremez. Sonra başka bir yerden bakar, yine bir şey göremez. Nihayet sıcak ve susuzluk iyice şiddetlenince der ki: "Olduğum yere döneyim de ölünceye kadar uyuyayım." Ağacın yanına gelir, bineğinden tamamen ümidini keserek, ağacın gölgesinde yatar. Uyandığında, başını kaldırınca bineğinin, üzerinde yiyeceği, içeceği ve azığı olduğu hâlde yularını sürüterek yanında dikildiğini görür. Hemen sevinçle yularından tutar. Allah'ın mü'minin tevbesinden dolayı duyduğu sevinç, bu kişinin azığını ve bineğini bulmasından dolayı duyduğu sevinçten daha fazladır.[97]

Ey kardeşim! Bil ki, günah, samimi bir tevbekârda Allah'ın önünde zillet ve pişmanlığı oluşturur. Tevbekârın inlemesi âlemlerin Rabbi yanında sevimlidir.

Müslüman günahını daima gözünün önünde tutar. Bu da onda yenilgi ve pişmanlık oluşturur. Günahının ardından birçok taat ve iyilikler yapar. Öyle ki, şeytan şöyle der: "Keşke onu bu günaha düşürmeseydim." Bundan dolayı birçok tevbekâr, günahından tevbe ettikten sonra eski hâlinden daha güzel bir yaşantıya başlar.

Allah, kulunu, kul O'na bir tevbekâr olarak geldiğinde kesinlikle terk etmez.

Şu olay hakkında ne dersin? Bir çocuk, babasının yanında yaşıyor. Babası onu en güzel yiyecek ve içeceklerle besleyip, en güzel elbiseler giydiriyor ve en güzel şekilde onu yetiştirip, geçimini sağlıyor. Bu çocuğu babası bir gün bir işe gönderiyor. Yolda karşısına bir düşman çıkıyor; çocuğu esir alıp, onu düşman yurduna götürüyor. Çocuğa olan tavrı babasınınkinin tam tersidir. Babasının kendisine takındığı tavrı ve iyiliklerini her hatırla-

97 Anlatım sahih rivayetlerin toplamıdır. bk.*Tertibu Sahîhu'l-câmi*

yışında kalbindeki hasret acısı, geçmişteki durumuna ve içinde bulunduğu nimetlere karşı tutuşur. Oysaki o kendisine her türlü işkenceyi yapan ve işin sonunda da kendisini boğazlayacak düşman elinde esirdir. Bir gün babasını yakınında görünce ona doğru koşup, kendini "Babacığım!" diyerek babasının kucağına atar. Çocuğa ve içinde bulunduğu hâle bak. Gözlerinden yaşlar yanaklarına doğru süzülürken, o babasını kucaklamış, ona sarılmış bir vaziyette iken düşmanı da başına dikilmiş, ısrarla onu istiyor. O ise babasına sımsıkı sarılıp yapışmış, babası onu bu hâldeyken düşmanına teslim eder mi? Düşmanıyla onu baş başa bırakır mı? Ya babanın oğluna, annenin yavrusuna merhametinden daha çok kuluna merhameti olan hakkında ne zannediyorsun? Kul O'na kaçar, düşmanından O'na doğru koşup, kendini yüz üstü kapısına atar, ağlayarak eşiğinin toprağına yanaklarını sürerek şöyle der: "Ey Rabbim! Senden başka merhamet edeni, senden başka yardımcısı, senden başka sığınağı, senden başka yardım edeni olmayan şu miskinine, fakirine, dilencine merhamet et! Koruyucusu sen, sığınağı sen, sana karşı sığınak da, kurtuluş da yine ancak sensin."

Öyleyse haydi hayır işlemeye, iyilikler kazanmaya, salihlerle arkadaşlığa! Doğrulduktan sonra yamulmaktan, hidayetten sonra sapıklıktan sakın. Allah seninle beraberdir.